mini版

感動する英語!
元気がでる英語!

Unforgettable words! Uplifting words!

デイビッド・セイン
David A.Thayne

アスコム

はじめに

　言霊という言葉をご存じですか？
　言葉は、私たちの人生を大きく変えてしまうほど、大きな力を持っているといわれています。
　つらいとき、心が折れそうなとき、くじけそうなとき、あなたには言葉に支えられた経験はありませんか？　また、言葉に励まされて、夢や目標に挑戦して、見事達成できた体験はありませんか？

If you think you can, or you think you can't, you're right!

「できると思えば可能だ、できないと思えば不可能なのだ」
　　　　　　　　　　　　　　　―― ヘンリー・フォード

The best way to predict the future is to create it.

「未来を予言する最高の方法は、未来を創りだすことである」
　　　　　　　　　　　　　　　―― ピーター・ドラッカー

　素敵な言葉を知っていればいるほど、あなたの人生は輝きます。

世界の偉人は名言を残しました。たった数行の言葉が私たちを慰め、明日へ向かう勇気を奮い立たせてくれます。本書では、そのいくつかをご紹介します。名言は人生の道しるべとなり、また生きるためのヒントにも、知恵にもなります。
　ぜひ、今のあなたの気持ちに響いた言葉からまず覚えてください。「解説」で、より言葉を深く理解して、「使い方」で、日常英会話に名言を取りこむヒントを見つけてください。
　ネイティブは会話の中に名言を折りこむことを好みます。ビジネスで、旅行で、プライベートで、英会話にぜひ名言を取り入れ、ワンランク上の英語表現を目指してください！
　また、英会話のレッスンとしてだけでなく、あなたの心を支える1冊として、ぜひこの本を活用してください。心がくじけたとき、明日が見えないとき、そばにおいて、何度でも、そっと読み返してください。きっと生きる力が、勇気がよみがえってきます。
　この1冊があなたの心の友になり、なおかつ英語学習の一助になれば、これほどうれしいことはありません。

デイビッド・セイン

Contents

はじめに ——— 2

第1章 困難に立ち向かう ——— 6
Ch.1 Facing Difficulties

第2章 いかに生きるか ——— 22
Ch.2 The Way We Live

第3章 私には夢がある ——— 76
Ch.3 Having a Dream

第4章 家族、仲間の大切さ ——— 92
Ch.4 Importance of Family and Friends

第5章 決断力を鍛える ——— 104
Ch.5 Developing Decisiveness

第6章 いかに働くか ——— 112
Ch.6 Developing a Work Style

第7章　チャレンジする心 —— 130
Ch.7 Finding Determination

第8章　成功の秘けつ —— 164
Ch.8 The Secrets of Success

第9章　失敗から学ぶ —— 188
Ch.9 Learning from Mistakes

第10章　心構えについて —— 198
Ch.10 The Right Attitude

参考文献 —— 222

第1章 困難に立ち向かう

Chapter 1

Facing Difficulties

001

世の中は苦しみで満ちて
います。でも、世の中はまた、
その苦しみを克服する機会で
満ち溢れてもいるのです。

**Although the world is
full of suffering, it is also full
of the overcoming of it.**

Helen Keller
ヘレン・ケラー（教育家・社会福祉事業家）

解説

　The world is full of suffering. は「人生はつらい」という意味の決まり文句。sufferingの対の言葉として overcoming があるが、これは病気や悩みなど、「苦しみを越える、克服する」という意味。He finally overcame his cold.（彼はようやく風邪を乗り切った）のように使うこともできる。

　日本でも有名なヘレン・ケラーは、自ら視力、聴力、言語を失うという三重苦の障害を負いながら、世界各地への歴訪を通じて、身体障害者の教育と福祉のために生涯を捧げた。彼女はまず自らが、自分の苦しみを乗り越えることによって、生きることの模範となっていったのだ。生きている限り人は苦しみから逃れることはできない。しかし、苦しみしか見ていなければ、生きていくのは難しい。苦しみから立ち上がり、苦境を克服することで幸せを手に入れることができるのだ。

使い方

A : I'm tired of all the bad news.
B : I know what you mean.
A : Instead of just hearing about it, I want to do something.
B : Although the world is full of suffering, it is also full of the overcoming of it.

A：もういやなニュースには飽き飽きするよ。
B：分かるね。
A：そんなことをただ聞いている代わりに、何かしたいと思っているんだ。
B：世の中は苦しみで満ちているけど、世の中はまた、その苦しみを克服する機会で満ち溢れてもいるんだからね。

Words & Phrases

overcome「乗り越える」

002

私は生きていることが好きだ。時々、悲しみに苛(さいな)まれ、とても絶望的な気持ちになるが、その中でも生きることは素晴らしいと知っている。

I like living. I have sometimes been wildly, despairingly, acutely miserable, racked with sorrow, but through it all I still know that just to be alive is a grand thing.

Agatha Christie
アガサ・クリスティ（推理作家）

解説

　時として、苦しく、絶望し、これ以上前に進めない。そんなとき、ふと命に終止符を打とうと思ったことがある人もいるかもしれない。Where there is life, there is hope.（命がある限り、希望はある）、生きていけば何とかなる。生き続けてさえいれば、必ず光は見えて来るはずだ。生きていくことの素晴らしさを、輝かしさを胸に刻もう。それは次の世代や人類のために、今を生きる私たちが課せられた重大な責任なのではないだろうか。

使い方

A : What's the matter? Is everything okay?
B : I'm just depressed by all the bad news.
A : I know what you mean.
　　But just to be alive is a grand thing.
B : I'll try to remember that.

A：どうしたの？　大丈夫?
B：悪いニュースばかりで落ち込んでいるの。
A：分かるわ。でもただ生きているだけで素晴らしいことなのよ。
B：そのことを心に刻んでおくわね。

Words & Phrases

despairingly「絶望した」　acutely「強く；ひどく」
sorrow「悲しみ」　a grand thing「偉大なこと」

Chapter 1　Facing Difficulties　困難に立ち向かう

誰をも苦しめるようなことが
世界には起きる。
しかし、その後、その苦しみ
の場所からもっと強くなれる
人たちもいるのだ。

**The world breaks everyone,
and afterward, some are
strong at the broken places.**

Ernest Hemingway
アーネスト・ヘミングウェイ（詩人・作家）

解説

　強い人は、苦しみを経験したことがないように見えるかもしれない。でもそれは違う。本当の強さとは、苦しみの前にあるものではなく、苦しみを通してようやく生まれるものなのだ。「私は弱い人間だもの、何かあったらとてもやっていけないわ」そう思っている人もいるかもしれないが、人間はそこからが勝負だ。苦しみと対峙し、苦しみと格闘し、その苦しみを過去の物にしたとき、初めて人は強くなる。

　Someday I'll be stronger because of this.（これが終わったら私はもっと強くなれる）と考えながら生きていくことで、人は強さを身につけ、未来も開かれていくのかもしれない。

使い方

A : This is the saddest day of my life.
B : That's really tragic.
A : I don't know if I'll ever recover.
**B : The world breaks everyone, and afterward,
　　 some are strong at the broken places.**

A：私の人生の中で、一番悲しい日だわ。
B：本当に悲劇ね。
A：立ち直れるか分からないわ。
B：誰をも苦しめるようなことが世界には起きる。
　　でも、その後、その苦しみの場所からもっと強くなれる人たちもいるのよ。

Words & Phrases

break「（どうしようもないくらい人を）苦しめる」

Chapter 1　Facing Difficulties　困難に立ち向かう

004

どんなに暗くても、
星は見える。

**When it is dark enough,
you can see the stars.**

Ralph Waldo Emerson
ラルフ・ウォルド・エマーソン(思想家・詩人・哲学者・作家)

解説

　「目の前が真っ暗だ」という表現は My world is dark. のように英語にもある。悲しいことや、自分の力ではどうにもできないことが起きれば、当然のように人間は苦しむことになる。我慢したり、なかったかのようにふるまうのではなく、それを糧にしていかなければならない。

　大震災によって、すっかり忘れていた日本と日本国民の素晴らしさや美しさに日本人が気づき、世界中にも知れわたった。これは未来への希望でもある。空は暗く、星さえ見えない夜空でも、雲の上には輝く星がいつだって地上を照らそうとしているのだ。

使い方

A : Everything seems to be going wrong.
B : I know how you feel.
A : The future isn't looking very bright.
B : When it's dark enough, you can see the stars.

A：すべてがうまくいかないみたいなんだ。
B：君の気持ちは分かるよ。
A：未来は明るくないんだ。
B：どんなに暗くても、星は見えるんだよ。

Words & Phrases

dark enough「十分に暗い」

005

強さに欠けているのではない、
意志を欠いているのである。

**People do not lack strength,
they lack will.**

Victor Hugo
ビクトル・ユーゴー（作家・詩人）

解説

　フランスの作家、詩人であったビクトル・ユーゴー（1802-85）の言葉。ジャン・バルジャンが主人公のユーゴーの長編小説『レ・ミゼラブル』は現代でもブロードウェーなどで、ミュージカルとして繰り返し上演されている。

　strength は「強さ」、will は「意志」である。

　何かを実行する能力は、たいていの人間にはある。しかし、それを行う強い意志が欠けているのがわれわれ人間であって、その意志を持ち得たものが、人間が本来持っている偉大な能力を発揮するということだろう。日本語でいえば、「成せばなる」という言葉に相当する。

使い方

A : I think you could do it easily.
B : No, I don't have the strength.
**　I'm not even going to try.**
A : Victor Hugo said, "People do not lack strength, they lack will."

A：あなたなら簡単にできるでしょう。
B：そんな、それほどの力はありませんよ。試してみる気もありません。
A：ビクトル・ユーゴーは「人は強さに欠けているのではない、意志を欠いているのである」と言ってますよ。

Words & Phrases

strength「力; 強さ」　**will**「意志」　**lack**「不足している; 欠けている」

006

できると思えば可能だ、
できないと思えば
不可能なのだ。

**If you think you can,
or you think you can't,
you're right!**

Henry Ford
ヘンリー・フォード(自動車王)

解説

　日本語でも「成せばなる、成さねばならぬ何事も」といった言葉がある。それと同じ内容だ。

　If you think you can のくだりは、「あなたができると思ったなら」、続く (or) you think you can't は「できないと思ったなら」ということ。全文をまとめると「できると思ったとしても、あるいは、できないと思ったとしても、そのどちらもが正しい」という意味になる。要するに、何事も自分次第、「できると思えば、それは正しい、できるのだ。できないと思えば、それもやはり正しい、できないのだ」と、自動車王ヘンリー・フォードは語る。

　自分に自信がなくなったときには、ぜひともこの名言を思い出してほしい。あなたには、できるのだ。自信を持って努力し、自信を持って自分の力を発揮してほしい。限界など存在しないのだから。

使い方

**A : I don't think I'll ever accomplish this.
It just seems like too much for me.**

**B : If you think you can, or you think you can't,
you're right!**

A：これをやり遂げるのは無理だって気がする。僕には荷が重いよ。
B：できると思えばできるし、できないと思えば無理なんだよね。

Words & Phrases

accomplish「達成する」　seem like...「〜のようだ」
too much「（負担などが）多すぎる」

Chapter 1　Facing Difficulties　困難に立ち向かう

007

あら探しをするな、
救済策を探せ。

**Don't find fault,
find a remedy.**

Henry Ford
ヘンリー・フォード(自動車王)

解説

　自動車王、ヘンリー・フォードの言葉。find fault は「ミスを探す」、つまり「あら探しをする」という意味。find a remedy は「救済策を探す」だ。

　だれかが何かについての提案をしたとしよう。あなたはまず、その提案のあらを探してそれを責めるだろうか？ それとも、そのあらを補うための策を考えて提案しようとするだろうか？　後者のほうを勧めているのがこの名言だ。

　もちろん、何かについての欠陥を見つけだすことは大切だ。しかし、さらに重要なのは、それを早く正し、よりよいものへと変えていく努力だ。いつまでも、あら探しを続け、批判し合うことからは何も生まれない。ならば、そのようなことで時間をつぶすより、ポジティヴな提案を行ったほうが、はるかに効率的で理にかなっている。

使い方

A : All my problems are his fault.
**　　He can't do anything right.**
B : Don't find fault, find a remedy.
A : What do you mean?
B : You have to find a solution.

A：僕の失敗は、すべてあいつのせいだ。
　　あいつは、何だってきちんとできないんだ。
B：あら探しをしないで、救済策を探そうよ。
A：何、どういう意味?
B：解決策を見つけだせってことさ。

Words & Phrases

find fault「あら探しをする」　**remedy**「救済策」　**solution**「解決方法」

第2章 いかに生きるか

Chapter 2

The Way We Live

008

人生でおそらく
最も罪深いことは、
正しいことだと知りつつ
そうしないことだ。

**Perhaps the worst sin in life is
knowing right and not doing it.**

Martin Luther King, Jr.
マーティン・ルーサー・キング・ジュニア(牧師)

解説

　マーティン・ルーサー・キング・ジュニア（1929-68）の言葉。sin は「罪」。worst sin で「最大の罪、もっとも深い罪」ということになる。knowing right and doing nothing（正しいことを知っていながら、そうしないこと）こそ、最大の罪だとキングは言う。

　われわれは、生活のあらゆるところで、この言葉に思い当たる。身体の不自由な人の手を引いてあげなかった、お年寄りに席を譲らなかった、暴力を振るっている男をとがめなかった……。どうだろう、みなさんにはこのような経験はないだろうか？　これらは小さな事かもしれないが、小さな出来事のすべてが私たちを試している。小さな事さえできないのなら、さらに重大な場合に、勇気を持つことなどできないだろう。

使い方

A : He's stealing money. What should I do?
B : Tell the police.
A : But....
B : Martin Luther King said, "Perhaps the worst sin in life is knowing right and not doing it."

A：彼、お金をくすねてるの。どうしたらいいのかしら？
B：警察に言うべきよ。
A：でも……。
B：マーティン・ルーサー・キングは「人生でおそらく最も罪深いことは正しいことだと知っていながらそうしないことだ」と言っているわよ。

Words & Phrases

perhaps「おそらく; ことによると」　**sin**「罪; 過ち; 罪悪」

009

世界を変える最善の方法は、
自分自身を変えることである。

**The best way to change the world
is to change yourself.**

Anonymous
作者不詳

解説

　この言葉には、「世界というものは、あなたが見ているようにあなたに映るものだ」という前提がある。だから、世界を変えたいと思うのなら、世界を見る自分の目を変えることだ、というのである。

　昔、公園でハトを見かけると、かわいいと思ったものだ。しかし、最近では、害を及ぼすものという気持ちで眺めてしまう。さらに、台湾の人なら、「美味しそう」と思うかもしれない。ハトでさえ、われわれが眺めるときの価値観が違えば、異なるものとなる。

　世界もこのハトの例と同様だ。世界は金であり、あるいは醜悪であり、美であり、さらに愛でもある。世界が何であるかを決めるのはあなたなのである。

使い方

A : There are so many problems in the world.
B : Why don't you do something about it?
A : There's nothing I can do.
B : The best way to change the world is to change yourself.

A：世界中にいろんな問題が溢れているね。
B：じゃあ何かしたらどうなの?
A：僕にできることなんて何もないよ。
B：世界を変える最善の方法は自分自身を変えることなのよ。

Words & Phrases

the best way「最良の方法」　**change**「変える」

010

他人のために
生きる人生だけが、
価値ある人生だ。

Only a life lived for others is a life worthwhile.

Albert Einstein
アルバート・アインシュタイン(理論物理学者)

解説

　アインシュタイン（1879-1955）が語った人生についての名言。life lived for others とは「他人のために生きる人生」という意味。自分のためではなく、他人のために尽くす人生ということだろう。そういう人生こそが a life worthwhile（価値のある人生）なのだ、とアインシュタインは語る。

　ここでは、自分のためという考えは完全に放棄されている。自己保存や、自分の欲のために生きているようでは、まだ価値のある人生とは言えないのだ。

　僕のような俗人には、なかなかまねのできないことではあるが、ひとつずつ、少しずつでも他人のためになることに取り組んでいく姿勢は大事にしたい。

使い方

A : I've been feeling so depressed lately.
B : Why don't you do some volunteer work?
A : How would that help?
B : **Only a life lived for others is a life worthwhile.**

A：最近落ち込んじゃってて。
B：ボランティアでもやってみたら?
A：それって何の効果があるの?
B：他人のために生きた人生だけが、価値ある人生なんだよ。

Words & Phrases

depressed「憂鬱な；へこんだ」　**worthwhile**「価値がある」

011

できないことに
できることの
邪魔をさせてはいけない。

Do not let what you cannot do interfere with what you can do.

John Wooden
ジョン・ウッデン(アメリカで有名なバスケットボールコーチ)

解説

　直訳は「あなたにできないことに、あなたができることの邪魔をさせてはいけない」となる。let...interfere with... は「～に～の妨害をさせる、邪魔をさせる」という意味。

　この名言の言わんとするところは、「できないことばかりに気を取られていないで、自分のできることから始めなさい」ということだ。

　すぐにでも現地に飛んでアフリカの難民の世話がしたい。だけど、そんな時間やお金もない。それなら、募金をすればいい。インターネット上に支援サイトを立ち上げてもいい。とにかく、実現できそうにもない絵空事ではなく、己にできるところから始めようとウッデンは語りかけているのであろう。ジョン・ウッデンは28年間UCLAのバスケットボールコーチを務め、チームを10回の全国優勝に導いた。彼の啓発的な言葉は数多く、さまざまな機会に引用される。1977年その功績をたたえて Wooden Award も設けられた。

使い方

A : I want to help needy people, but I can't go to Africa.
B : Don't let what you can't do interfere with what you can do.
A : But what can I do?
B : There are people nearby that need your help.

A：貧しい人たちを助けたいんだけど、アフリカに行くのはちょっとね。
B：できないことに気を取られてないで、できることをやったらいいじゃない。
A：じゃあどうしたらいいの?
B：あなたの身近にも助けを必要としてる人たちがいるじゃないの。

Words & Phrases

let...interfere「～に妨害させる」
what you can [cannot] do「(あなたに)できる[できない]こと」
people nearby「近くの人々」

012

「いつの日か」は
永遠に訪れない。

One of these days is none of these days.

Henry George Bohn
ヘンリー・ジョージ・ボーン(イギリスの出版人)

解説

　ヘンリー・ジョージ・ボーン（1796-1884）はイギリスの出版人。膨大な量の古書カタログの発行や翻訳、辞典の編纂などで有名な人物だ。

　one of these daysは「いつの日か」と不特定の未来を希望的に表すフレーズ。対になっているnone of these daysのほうはoneをnoneと置き換えた句だが、こちらはthese daysのうちのnone（ひとつもない）ということだから、「訪れることのない日」といった意味に解釈しよう。まとめて直訳すると、「（将来の）いつかという日は、訪れることのない日だ」となる。

　「明日があるさ……」という歌とはまるっきり逆のことを述べたものだが、みなさんはどちらを支持するだろう？「今日はだめだったけど、明日があるさ」派か、それとも、「今日を明日へと引き延ばしていては、何事も実現できはしない」派だろうか。

使い方

A : I'm going to quit my job and travel around the world one of these days.
B : One of these days is none of these days.
A : What do you mean?
B : If you're going to do it, do it today.

A：いつの日か仕事を辞めて世界中を旅して回るんだ。
B：「いつの日か」は永遠に訪れはしないのさ。
A：どういう意味?
B：とりかかるならば、今日この日にも始めなさいということだよ。

Words & Phrases

one of these days「いつの日か」　**none of these days**「いつの日でもない」
around the world「世界中を」

013

積み重ねが自分をつくる。

We are what we repeatedly do.

Aristotle
アリストテレス（哲学者）

解説

　ギリシャの哲学者、アリストテレス（紀元前384-322）の言葉。

　直訳すれば「われわれは、われわれが繰り返し行うことである」。これは、再三繰り返すことによって自分がつくられるということ。

　毎日のように謝ってばかりいれば、平謝りばかりの情けない人間になり、怒ってばかりいる者は、そのような人間になるということ。

　ならば、われわれは、自らどういうものになりたいのかを問い直し、自らそのようなものになれるように毎日心がけて過ごすべきだろう。美しいものになろうとすれば、美しいものになる。勇敢なものになろうとすれば、勇敢になれる。愛に満ちたものになろうとするなら、そのようにもなれるはずだ。

使い方

A : I think you'd better just tell him the truth.
B : I can't do that. I've lied to him for years.
A : Well, you are what you repeatedly do, you know.

A：彼に本当のことを言ったほうがいいよ。
B：できないよ。ずっと何年もだましてたんだもの。
A：うーん、積み重ねが自分をつくるものだというからなぁ。

Words & Phrases

repeatedly「繰り返して」

014

さらにやれば、
さらにできる。

**The more we do,
the more we can do.**

William Hazlitt
ウィリアム・ハズリット(イギリスのエッセイスト)

解説

　イギリスのエッセイストであり、評論家だったウィリアム・ハズリット（1778-1830）の言葉。直訳すると「もっとたくさんやれば、もっとたくさんできる」となる。more は much（たくさん）の比較級。文全体は、The more..., the more....（もっと〜すれば、もっと〜になる）という比較構文だ。

　もちろんこれは、自分の仕事、やるべきことなどに関する心構えを述べたもの。もうここまでにしよう、あるいは、だいたいこの辺でいいかな、と考えているうちは、われわれは自分の本当の底力を知らない。実際には「火事場のばか力」とでも言おうか、さらにやらなければならない事態に追い込まれると、予想以上の力が出るのが、人間の特徴だ。山ほどの原稿に追われて、一日中原稿を書き続けながら、この The more we do, the more we can do. という言葉の意味を日々かみしめている自分がいる。

使い方

A : I'll never be able to paint like that.
B : Sure, someday you will.
A : It seems impossible.
B : **The more we do, the more we can do.**

A：あんな風に絵を描くことなんて、一生かかっても無理だろうな。
B：きみなら、絶対にいつか描けるようになるよ。
A：不可能じゃないかなあ。
B：人間、やればやるほど、力が出るものさ。

Words & Phrases

The more..., the more....「〜すればするほど、〜だ」　**sure**「もちろん」
someday「いつの日にか」

015

行動力の人であるかのごとく思考し、思慮の人であるかのごとく行動せよ。

**Think like a man of action,
act like a man of thought.**

Henri Bergson
アンリ・ベルクソン(哲学者)

解説

　フランスの哲学者であり、『創造的進化』の著者、アンリ・ベルクソン（1859-1941）の言葉。

　Think like a man of actionとは「行動の人であるように考えろ」という意味だが、これは「がむしゃらにどんどん思考せよ」ということだろう。後半の act like a man of thought のほうは、逆に「思慮の人であるかのごとく行動せよ」という直訳になるが、これは「分別をもって行動せよ」ということだろう。

　いかなるときにも物事を自分の限界まで考え尽くす態度があれば、非常に思慮深い人になれる。物事をよく考えた上で行動に移せば、過ちの少ない行動がとれる人物になるだろう。僕自身は、この逆のパターンである「あまり考えずにがむしゃらに動くこと」も、時には悪いことではないと思っているのだが、みなさんはいかがだろう？

使い方

A : We need to take action now.
B : No, I think we need to think about it some more.
A : Well, I think we need to think like a man of action, act like a man of thought.
B : That's good advice.

A：今すぐに行動しなければだめだ。
B：もう少し待ってみないか。
A：そうだね、行動力の人であるかのごとく思考し、
　　思慮の人であるかのごとく行動せよって言うからね。
B：それはいいアドヴァイスだな。

Words & Phrases

man of action「行動の人」　**man of thought**「思慮の人；思考の人」

016

人生とはすなわち
ひとつの試みである。

All life is an experiment.

Ralph Waldo Emerson
ラルフ・ウォルド・エマーソン(思想家・詩人・哲学者・作家)

解説

All life というのだから、これは「人生のすべて」ということ、そのすべてが an experiment(ひとつの実験)なのである。

人生が何のための実験かは、私のような凡人の知るところではないが、とにかく人生にはさまざまなことが生起する。その事象とともにわれわれは自らをどちらかの方向へと導いていかねばならないことは確かだろう。

何らかの決断があり、それ相応の結果が現れる。そういった意味で、やはり人生はひとつの実験なのだ。実験場はあなたのいるこの世界、実験台はあなたとその周りの世界だ。あなたが何をしようと自由だが、やはりそれは実験であって、最後には「あなた」という結果が残るのだろう。あなたはその結果をどのように受けとめるのだろうか。

使い方

A : I don't like taking risks.
　　I only want to do things that are certain.
B : How boring! All life is an experiment.
A : I can't think on that scale. Life is about safety first.

A:危険を冒すのは好きじゃない。確証のあるものにだけ手を出したいんだよ。
B:つまらない考えだね。人生とはひとつの試みなんだよ。
A:僕はそんなに大胆には考えられないな。人生安全が第一だよ。

Words & Phrases

experiment「実験」

017

世界を動かすつもりなら、
まず己が行動せよ。

**Let him that would move the
world first move himself.**

Plato
プラトン（哲学者）

解説

　古代ギリシャの哲学者プラトンの言葉。

　him を that would move the world（世界を動かす）の節が修飾している。直訳すれば「世界を動かそうとするものには、まず己を動かしめよ」となるが、ここでは、「世界を動かすつもりなら、まず己が行動せよ」と語りかける口調で訳してみた。

　たとえば、会社内の人間関係を変えたいとき、まずあなたならどうするだろう。いろいろな方法があるとは思うが、まず自分が手本となって、理想的な方向を示すのもひとつの手だろう。そこから、会社内の雰囲気や人間関係が変化していくこともある。また、路上のゴミをなくしたいなら、まず自分がポイ捨てをやめる。電車でお年寄りを見かけたら必ず声をかける。これらは、身近な例だが、そんな小さなことでも世界は変わっていくのだろう。とにかく、何かを変えたいと思ったならば、己が行動してみることだ。

使い方

A : I want to change the world and make it a better place.
B : Let him that would move the world first move himself.
A : What do you mean?
B : Start by changing yourself.

A：世界を変えてもっと暮らしやすいところにしたいのです。
B：世界を動かすつもりなら、まず己が行動しないと。
A：何が言いたいのですか?
B：まず自分を変えることです。

Words & Phrases

Let...move...「〜に〜を動かさせよ」　**move the world**「世界を動かす」

018

好きなことを見つけなさい。
するとあなたは一日だって
働く必要がなくなるのです。

**Find something you love to do,
and you'll never have to work a
day in your life.**

Harvey Mackay
ハービー・マッケイ（作家）

解説

　作家で、Mackay Envelope Corporationの会長であるハービー・マッケイの言葉。楽しみと仕事を両立することについての名言だ。

　センテンスは、「命令文and...」の構文で、「〜せよ、そうすれば〜だ」という意味になる。「〜せよ」の部分は、Find something you love to doで、「あなたの好きなことを見つけなさい」という意味。andの後ろの「〜だ」にあたるのは、you'll never have to work a day in your lifeで、「あなたは人生において一日も働く必要はない」という意味だ。要するに「好きなことならもはや仕事ではない、楽しみなのだ」という含意の名言だ。好きなことを見つけて仕事にできる人は本当に幸せだが、あなた自身はどうだろうか？

使い方

A : What are you going to do after you graduate?
B : I can't make up my mind.
A : Well, find something you love to do, and you'll never have to work a day in your life.

A：卒業したら、どうするつもり?
B：どうしようか迷ってるんだ。
A：じゃ、好きなことを見つけたら。そうすれば一日だって
　　働く必要がなくなるんじゃない。

Words & Phrases

命令文 and...「〜しなさい、そうすれば〜だ」
never have to...「決して〜する必要がない」
graduate「(学校を)卒業する」　make up one's mind「決心する; 決断する」

Chapter 2　The Way We Live　いかに生きるか

今日という日は、
残りの人生の第一歩である。

**Today is the first day of the
rest of your life.**

Anonymous
作者不詳

解説

　Today is the first dayは「今日が第一日目だ」という意味。of the rest of your lifeは「あなたの人生の残りの」という意味。

　人間は毎日生まれ変わる。昨日までの人生がいかにつらい苦しみに満ちていたとしても、今日は新たに始まるのだ。あなたが、いつまでも過去にとらわれる必要や義務など、どこにもないのだ。

　つらければ、新しい日々、人生をもう一度ゼロから始めればいい。あなたは何にでもなれるし、何でもできるのだ。もし必要なら、すべての人間関係を清算していい、外国に移り住むこともできる、仏門に入ることだって無理じゃない……。やろうと思えば何でも可能じゃないか。いつでもあなたはあなた自身を更新できるのだ。そして、新たな道を歩み始めればいいのだ。

使い方

A : I had a terrible childhood.
B : That's too bad.
A : Sometimes I can't help thinking about the past.
B : Well, today's the first day of the rest of your life.

A：私の幼年時代はひどいものでした。
B：それは大変でしたね。
A：どうしても過去にとらわれてしまって。
B：あのね、今日という日は残りの人生の第一歩なんだよ。

Words & Phrases

the rest of...「〜の残り」　**childhood**「幼いころ；幼年時代」
That's too bad.「それはお気の毒です」
can't help ...ing「〜しないではいられない；せざるを得ない」

Chapter 2　The Way We Live　いかに生きるか

020

現在行っている仕事に全神経を注げ。太陽光線も、焦点が合わないと発火させることはできない。

Concentrate all your thoughts upon the work at hand. The sun's rays do not burn until brought to a focus.

Alexander Graham Bell
アレクサンダー・グラハム・ベル(学者・発明家)

解説

　アレクサンダー・グラハム・ベル（1847-1922）は電話を発明したことで有名なスコットランド生まれのアメリカ人。all your thoughts（あなたの全思考）を upon the work at hand（手元の仕事）に concentrate（集中）しろ、というのが、最初のセンテンスの意味。2番目のセンテンスの the sun's rays は「太陽光線」、until brought to a focus は「焦点が合うまでは」という意味だ。

　2文をまとめると「今の仕事に集中して打ち込め。太陽光を集めるレンズがものを焦がすためには焦点が合わないとだめなのだ」といった意味になる。何事をやるにも、懸命にそのことに打ち込む。こういった姿勢でないと、本当に素晴らしい仕事はできないのだ。

使い方

A : I'm thinking about writing a book.
B : Didn't you just join a band?
A : Yeah, but I'm thinking about the future.
B : Graham Bell said, "Concentrate all your thoughts upon the work at hand. The sun's rays do not burn until brought to a focus."

A：本を書こうかと思ってるんだ。
B：バンドに入ったばっかりじゃなかったっけ？
A：うん、でも将来のことを考えてさ。
B：グラハム・ベルは「現在行っている仕事に全神経を注げ。太陽光線でも焦点が合わないと発火させることはできない」と言っているけどね。

Words & Phrases

at hand「手近の; 手元にある」　**focus**「焦点」　**join**「参加する; 加入する」

021

求めよ、さらば与えられん。探せ、さらば見いだすであろう。叩け、さらば開かれん。

Ask, and it will be given you; seek, and you will find; knock, and it will be opened to you.

『The Bible—New Testament』
『新約聖書』

解説

『新約聖書』、マタイによる福音書の中の言葉だ。日常のさまざまな場面でも応用できる言葉だろう。

例えば仕事を失った人は、この言葉を希望の灯火とすればいい。出版社に原稿を持ち込む作家の卵、あるいは、自分の作品を世に出そうとする芸術家。世の中のさまざまな分野で、これから何かをつかみ伸びていこうとするすべての人は、この名言を胸に頑張ってみてはいかがだろうか。『The King James Version of the Bible（欽定英訳聖書）』では Ask and it shall be given to you; seek, and ye shall find; knock and it shall be opened unto you. と表記されている。

使い方

A : I've always wanted to become a translator.
B : Why don't you ask Jim for help?
　　He can give you some advice.
A : Oh, he's too busy.
B : Well, the Bible says, "Ask, and it will be given you; seek, and you will find; knock, and it will be opened to you."

A：ずっと通訳になりたいと思ってるの。
B：ジムにきいてみたら？　何かアドヴァイスをくれるかも。
A：あの人は忙しすぎるわ。
B：そうね、でも、聖書には「求めよ、さらば与えられん。探せ、さらば見いだすであろう。門を叩け、叩くものは受け入れられるだろう」とあるわ。

Words & Phrases

seek「探し求める;得ようとする」　translator「翻訳者」

022

年を取るのは仕方ないが、
年寄りになる必要はない。

**You can't help getting older,
but you don't have to get old.**

George Burns
ジョージ・バーンズ（コメディアン）

解説

　ジョージ・バーンズ（1896-1996）はアメリカで敬愛されたコメディアンであり、俳優でもあった。『The George Burns & Gracie Allen Show』（1950-58）で人気を博し、後年、映画『The Sunshine Boys』（1975）で、80歳にしてアカデミー助演男優賞を受賞。1996年に100回目の誕生日を迎え、その年に亡くなる直前まで元気に仕事に励んだ。「年を取るのは仕方ないが、年寄りになる必要はない」という名言にまさにぴったりの人物だ。

　この名言は、シルバー・エイジへの応援の言葉、あるいは警告の言葉と言ってもいいだろう。人間だから年を取るのは当然だ、でも、心まで老け込んでしまうことはないのだ。いつまでも、気持ちを若く持ち、人生を若い頃のように楽しんで何がいけないのだ。いつでも人間は自分の思っているようになるものなのだ。

使い方

A : Let's go for a walk in the park.
B : No, I'm getting too old.
A : Do you know the comedian, George Burns?
　　He said, "You can't help getting older,
　　but you don't have to get old."

A：公園に散歩に行きましょう。
B：いや、もう年なので遠慮しておくよ。
A：コメディアンのジョージ・バーンズを知っていますか？
　　彼いわく「年を取るのは仕方ないが、年寄りになる必要はない」ですって。

Words & Phrases

can't help...「〜せざるを得ない」　**get old**「年を取る; 老いる」

自分自身の目でものを見つめ、
自分自身の心で感じ取れる人
はごくわずかである。

**Few are those who see with
their own eyes and feel with their
own hearts.**

Albert Einstein
アルバート・アインシュタイン(理論物理学者)

解説

　アメリカに帰化した、ユダヤ系のドイツ人物理学者アルバート・アインシュタインと、彼の相対性理論（Einstein's theory of general relativity）といえば、説明の必要もないほど有名だ。

　この名言も、相対性理論と同様、やはり独自の視点と思索に満ちている。彼自身、those who see with their own eyes（独自の視点でものを見る人）のひとりであり、those who feel with their own hearts（己の心で物事を感じ取る人）のひとりであった。世の中にはさまざまな人がいる。そして、人の数だけ異なった意見が存在している。われわれには、いろいろな人の意見や考えを吸収することも必要だ。しかし、それ以上に己の視点や心を保ち続けることも重要なのだ。

使い方

A : I want to become an artist.
B : Why don't you?
A : My parents wouldn't allow it.
B : **Few are those who see with their own eyes and feel with their own hearts.** That's what Einstein said.

A：芸術家になりたいのです。
B：なればいいんじゃないの?
A：両親が許してくれそうにないんです。
B：自分自身の目でものを見つめ、自分自身の心で感じ取れる人はごく少ない。
　　これはアインシュタインの言葉だけどね。

Words & Phrases

few「ほとんど〜ない」　**with their own eyes**「独自の目で」
with their own heart「己自身の心で」　**artist**「芸術家」
Why don't you...?「〜したらどうですか?」

Chapter 2　The Way We Live　いかに生きるか

024

大切なのは
疑問を持ち続けることだ。

**The important thing is never to
stop questioning.**

Albert Einstein
アルバート・アインシュタイン(理論物理学者)

解説

never to stop questioningは「疑問を持つことをやめないこと」という意味。

疑問を持ち続けるためには、批判精神、物事をいぶかってみる目、あるいは物事を異なった新たな観点から見つめる視点をいつまでも持ち続けることが必要だ。

われわれは年齢とともに、新鮮な感受性を失っていきがちだ。それと同時にものを見る目も次第に良識や常識といったものに毒されてしまいがちだ。しかし、そのことに気づき、いつまでも新鮮な眼差しで物事に疑問を抱き続けるたぐいまれな人々もわずかには存在する。アインシュタインもそのひとりであった。

使い方

A : Why are you reading about the Antarctic?
B : I just want to know why auroras appear.
A : I see. Well, Einstein said, "**The important thing is never to stop questioning.**"

A：南極の本を読んでいるのはなぜ?
B：オーロラがどうして発生するのか知りたいだけなんだけど。
A：なるほど。アインシュタインも「大切なのは疑問を持ち続けることだ」と言っていたしね。

Words & Phrases

never to stop ...ing「〜をやめないこと」　**question**「問う; 疑問を発する」
Antarctic「南極」。「北極」は **Arctic**　**aurora**「オーロラ」

025

だれをも愛し、
人をあまり信頼せず、
だれに対しても過ちを犯すな。

**Love all, trust a few,
do wrong to none.**

William Shakespeare
ウィリアム・シェイクスピア（劇作家）

解説

　シェイクスピアの言葉。直訳すると、「すべての人を愛し、わずかばかりの人を信頼し、だれに対しても悪い行いをするな」となる。シェイクスピア一流の処世訓であろう。

　部分の語釈は、love all が「すべての人を愛せ」、trust a fewが「わずかばかりの人を信頼せよ」、do wrong to noneが「だれに対しても過ちを犯すな」ということ。

　この言葉の中で、特に「人をあまり信頼するな」という部分には異論のある人もいるだろう。この部分にこだわると、孤独になるのではないかとも思う。

　もちろん信じるべきでない人もいる。しかし、心の底では人を信じたい僕としては、「だれをも愛し、だれをも信じ、だれに対しても過ちを犯すな」という生き方をした人物のほうを愛する。例えば、ドストエフスキーの『白痴』の登場人物、ムイシュキン公爵のような人物のほうに惹かれるのだが……。

使い方

A : Do you get along with people?
B : No, not really.
　I don't know how to deal with people.
A : Shakespeare said, "Love all, trust a few, do wrong to none."

A：あなたって、他人とうまくやれる人？
B：いや、そうでもないな。人の扱い方がわからないんだ。
A：シェイクスピアは「皆を愛し、わずかを信じ、だれに対しても過ちを犯すな」と言ってるけどね。

Words & Phrases

none「ひとりもない; だれもない」　**get along with**「うまくやる」
deal with「(人を)相手にする; つき合う; 扱う」

026

文句を言わない。
言い訳をしない。

**Never complain.
Never explain.**

Katherine Hepburn
キャスリーン・ヘップバーン(女優)

解説

　なんだか母親の小言のようにも聞こえるが、ためになる言葉であることに間違いない。

　文それぞれを直訳すると、Never complain.は「決して不平［文句］を言うな」、Never explain.は「決して説明するな」となる。「説明するな」のほうは、「言い訳するな」という日本語にしたほうが分かりやすいだろう。

　不景気な時代なら、この言葉をこう読み換えてみることもできる。「会社が不況でつぶれてしまい、職を失った人も多い。しかし、それを人のせいにして文句を言ったりしている場合ではない。いや、そんな時間があるなら、前向きにやるべきだ」。過ぎてしまったことを問題にしても、物事は始まらないことが多い。それよりも未来に向かって、まい進しようではないか。

使い方

A : This is really terrible. We have to do something.
B : I don't think it's the right time.
A : But we have to say something.
B : Never complain. Never explain.

A：ひどいね。なんとかしなきゃ。
B：今はタイミングが悪いね。
A：でも、ひとこと言わなきゃだめだよ。
B：文句を言わない。言い訳をしない。

Words & Phrases

complain「不平を言う」　**explain**「説明する」

027

自らが多数の側に
回っている覚えがあれば
改善の時と言えよう。

**Whenever you find that you are
on the side of the majority,
it is time to reform.**

Mark Twain
マーク・トウェイン(作家)

解説

『トム・ソーヤの冒険』『ハックルベリー・フィンの冒険』などでお馴染みのマーク・トウェイン(1835-1910)の言葉。大衆の意見を当てにしない皮肉屋の彼らしいひとことである。

whenever は「〜のときならいつでも」、you find that... は「あなたが〜に気づいたら」、be on the side of the majority は「多数の側にいる」。reform は「変革;再建」といった意味である。

みなが、あまり考えないで同意してしまった結果が、多数の意見であることも多い。そういった意見をトウェインはあまり当てにしていないのだ。すべてを信じるなとは言わないが、時には多数の意見というものを疑ってみることで、何か新しいヒントが見つかることもあるに違いない。

使い方

A : Everyone agrees with you.
　　You must be really happy.
B : No, not really.
A : Why?
B : Mark Twain said, "Whenever you find that you are on the side of the majority, it's time to reform."

A：みんな、君に同意してくれてるね。うれしいだろう。
B：いや、そうでもないんだ。
A：どうして?
B：マーク・トウェインは「自らが多数の側に回っている覚えがあれば
　　改善の時と言えよう」と言っているんだよ。

Words & Phrases

majority「大多数; 大部分の」　**be on the side of...**「〜の側に立って」
reform「変革; 改変」

028

服従とは自由の看守であり
成長の敵である。

Conformity is the jailer of freedom and the enemy of growth.

John F. Kennedy
ジョン・F・ケネディ（第35代アメリカ大統領）

解説

Conformityは「(むやみな) 服従」だが、それは jailer of freedom (自由の看守)であると米国第35代大統領、ジョン・F・ケネディは言う。またそれは、enemy of growth (成長の敵)であるとも言う。「服従とは、自由を閉じこめておくものであり、成長を滞らせる敵である」ということ。

考えることなくやみくもに何かに服従してはいけない。それでは己の心の自由を放棄していることになるからだ。従うのなら、よく考えた上で行動に移すべきだ。自分自身で考えることを放棄したとき、それはわれわれ自身の成長の妨げにもなるだろう。

これは政治の世界だけの話ではない。あなたの勤務する企業、所属する団体、あるいは家庭においても、同様の心構えが要求されているのだ。

使い方

A : I'm always trying to conform.
B : You know that's not necessary.
A : I know, but....
B : Kennedy said, "Conformity is the jailer of freedom and the enemy of growth."

A：僕はいつだって従ってきたんだ。
B：そんなこと必要じゃないのに。
A：わかってる、でも……。
B：ケネディによると「服従とは自由の看守であり成長の敵である」ってよ。

Words & Phrases

conformity「従属; 服従; 順応」　**jailer**「看守」　**enemy**「敵」　**growth**「成長」

029

信じる者は強く、
疑う者は弱い。
強い確信は、
偉大なる行動に優先する。

**He who believes is strong;
he who doubts is weak.
Strong convictions precede
great actions.**

James Freeman Clark
ジェームス・フリーマン・クラーク(哲学者・作家)

解説

ジェームス・フリーマン・クラーク（1810-88）はアメリカの超越論哲学者であり、作家、編集者でもあった人物。

「信じるからこそ、自信を持って強い気持ちで行動できる」。これが、He who believes is strong.の部分の言わんとするところ。逆に、「疑う者は弱気でこそこそした行動しかできない」というのも当然だ。これは he who doubts is weak.の部分で述べてある。次の、Strong convictions precede great actions.というセンテンスは、「（信じる者は）強い確信を持っているから、偉大な行動をとることができるのだ」といった意味だ。

以上をまとめると「己を信じ、確信を持って行動しなければ、偉大な結果は導き出せない」ということになるだろう。

使い方

A : I'm thinking about starting a company.
B : You should. That's a good idea.
A : I don't have any confidence.
B : **He who believes is strong; he who doubts is weak. Strong convictions precede great actions.**

A：事業を立ち上げようと思っているんだ。
B：ぜひそうしなさい。素晴らしいよ。
A：あんまり自信なくって。
B：信じる者は強く、疑う者は弱い。
　　強い確信がなければ、偉大なる行動はできない。

Words & Phrases

doubt「疑う; 疑問をもつ」　**conviction**「確信」　**precede**「先立つ; 優先する」
have confidence「自信がある」

Chapter 2　The Way We Live　いかに生きるか

030

青年よ大志を抱け。金や利己的な功績のためでなく、人が名声と呼ぶあのはかないもののためでもなく、人が備えるべき性質のすべてを身につけるために大志を抱け。

Boys, be ambitious, not for money, not for selfish accomplishment, not for that evanescent thing which men call fame. Be ambitious for attainment of all that a man ought to be.

William Smith Clark
ウィリアム・スミス・クラーク（札幌農学校初代教頭）

解説

内村鑑三や新渡戸稲造を育てたクラーク(1826-86)が札幌農学校を去るときに残した言葉。この「Boys, be ambitious(青年よ大志を抱け)」の部分は、ほとんどの人が知っている言葉だろう。

not for...(〜に向かってではなく)という表現が三つ続いている。ひとつは money(金)、そして selfish accomplishment(利己的な功績;業績)、さらには、evanescent thing which men call fame(人が名声と呼ぶはかないもの)。ここまでが前半だ。

後半は、大志を抱くべきものについて述べられている。

使い方

A: What kind of work do you want to do?
B: I don't know. I guess I'm just not very ambitious.
A: That reminds me of something William Smith Clark said.
   "Boys, be ambitious, not for money, not for selfish accomplishment, not for that evanescent thing which men call fame. Be ambitious for attainment of all that a man ought to be."

A:どういう仕事がしたいの?
B:わからないんだ。あまり野心がないんだよね。
A:なんだかウィリアム・スミス・クラークの言ったことを思い出したよ。
「青年よ大志を抱け。金や独りよがりの功績のためでなく、人が名声と呼ぶあのはかないもののためでなく、人が備えねばならないものを身につけるために大志を抱け」。

Words & Phrases

ambitious「大望のある;野心のある」 **accomplishment**「達成」
evanescent「はかない」 **attainment**「獲得」
remind...of...「〜に〜を思い出させる」

031

勤勉は幸運の母である。

Diligence is the mother of good luck.

Benjamin Franklin
ベンジャミン・フランクリン(政治家・外交官・物理学者)

解説

ベンジャミン・フランクリンの言葉。P.122で紹介するトーマス・ジェファーソンの I find the harder I work, the more luck I have.（努力すれば、幸運はさらに訪れる）という言葉とほぼ同様の考え方の名言だ。

文型は ...is the mother of...（〜は〜の母である）の形で、diligence（勤勉）が母で、good luck（幸運）がその子どもという構図だ。

これはまじめに働く人の力になる言葉であるとともに、「勤勉」とは何なのかと、われわれに、もう一度考えさせてくれる言葉でもある。さて、「勤勉」とは社畜となって会社のために身を粉にして死ぬまで働くことであろうか？ いや、そうではない。「勤勉」とは、まじめに自分の信じることに取り組むことであり、他人から押しつけられたくだらないことに四苦八苦することなどではないだろう。こう考えるのは僕だけだろうか。

使い方

A : I give up.
B : Why?
A : I'm just not lucky.
B : You know what they say: Diligence is the mother of good luck.

A : もうやめた。
B : どうしたの?
A : ついてないんだ。
B : 勤勉は幸運の母であるっていう言葉は知ってるかい?

Words & Phrases

diligence「勤勉」 **give up**「あきらめる」
what they say「世間で言われていること; 言葉」

032

人生は
興奮に満ちている仕事で、
もっとも興奮するのは、
他人のために生きるときだ。

**Life is an exciting business
and most exciting when it is lived
for others.**

Helen Keller
ヘレン・ケラー（教育家・社会福祉事業家）

解説

 ヘレン・ケラー（1880-1968）の言葉。『The Story of My Life』、『Out of the Dark』などの自伝で、自らの生涯を語った著述家でもある。また、彼女は教師として、母校の盲学校でも教えた。

 彼女が与えられたこと、あるいは与えたことをそのまま言葉にしたのがこの名言だ。自ら大きな障害を克服し、さらに、他人のために尽くしたヘレン・ケラーの言葉だけに実感がこもっている。彼女はその人生の中で、われわれ常人には計り知れぬほど、大きなものを受け取り、学び、与え、教えたに違いない。まさに、彼女にとっては、Life is an exciting business（人生はエキサイティングな仕事）であり、most exciting when it is lived for others.（他人のために生きれば最高にエキサイティング）であったのだろう。

使い方

A : My life is so boring.
B : Boring? Well, why don't you try living for someone else?
A : What?
B : I think it was Helen Keller that said, "Life's an exciting business and most exciting when it is lived for others."

A：僕の人生は本当に退屈なんだよ。
B：退屈？ じゃあ他人のために生きてみたらどうかなぁ？
A：えっ?
B：確かヘレン・ケラーがこう言ってたよね、「人生は興奮に満ちている仕事だ、もっとも興奮するのは、他人のために生きるときだ」って。

Words & Phrases

when it is lived for others「他人のために（人生が）費やされたとき」
boring「退屈な；うんざりする」

033

あなたの運命が決まるのは、
決心の瞬間だ。

**It is in the moment of decisions
that your destiny is shaped.**

Anthony Robbins
アンソニー・ロビンス(作家)

解説

　アメリカの作家であり、モチベーションについての講演を続けているアンソニー・ロビンスの言葉。It...that...の構文。that以下が意味上の主語を形成している。in the moment of decisionsは「決断の時の中に」、your destiny is shapedは「あなたの運命が形成される」。全文を直訳すると、「あなたの運命が形成されるのは、決断の瞬間においてである」となる。

　己の運命は、己の決断によって左右される。ほかの原因ももちろんそこには入り込むが、主体的に自分が自分の運命に関わるのは「決断の時」だ。

　それぞれが置かれた状況にどう立ち向かっていくか、勇気を持って決するのが「決断の時」だろう。勇気のある決断がよい結果をもたらすかどうかかは分からない。しかし、僕なら、自分に有利な決断ではなく、自分の心に正直な決断をしたい。みなさんはどうだろうか？

使い方

A : Take your time and think carefully before deciding.
B : I won't need much time.
A : Well, just remember that it's in the moment of decisions that your destiny is shaped.

A：決断の前に熟慮しなさい。
B：そんな時間はかからないよ。
A：あなたの運命が決まるのは、決心の瞬間だってことを覚えておきなさい。

Words & Phrases

decision「決断」　**destiny**「運命」　**be shaped**「形成される；形作られる」
take one's time「時間をかける；熟慮する」

第3章 私には夢がある

Chapter 3

Having a Dream

034

未来を予言する
最高の方法は、
未来を創りだすことである。

The best way to predict the future is to create it.

Peter Drucker
ピーター・ドラッカー（経営学者）

解説

　予見不可能な未来は恐ろしい。明日、天変地異に見舞われるかもしれない。そしてそのことはだれにも分からないのである。しかし、未来に備えるためにできることはある。企業でも考えられるリスクを想定し、それに備えて前進するのみである。

　predictとは「pre（前に）+ dict（話す）」のこと。つまり「物事を行う前に宣言する」ということ。ただ宣言するのではなく、あらゆる可能性を考慮し、やりたいことをよく考え、リスクを踏まえて「～する！」と宣言することで未来を予測し、創ることになる。

　別の言葉で言い換えれば、The future you wait for is scary —the future you create is exciting.（待つ未来は怖い、創る未来は胸躍る）ということ。

使い方

A : Why are you so worried?
B : What should I do? I don't know what's going to happen.
A : **The best way to predict the future is to create it.**
B : That makes sense.

A：何をそんなに心配しているの？
B：どうしたらいい？　何が起こるか分からないんだもの。
A：未来を予言する最高の方法は、未来を創りだすことである、ってね。
B：それもそうね、納得。

Words & Phrases

the best way to... 「～をするには一番よい方法」

035

未来はわれわれの現在の
行動にかかっている。

**The future depends on
what we do in the present.**

Mohandas Gandhi
モハンダス・ガンディー（インド建国の父）

解説

「インド建国の父」と呼ばれる、モハンダス・ガンディー (1869-1948) は、非暴力主義を貫いた偉大な指導者だった。

この言葉の what we do in the present は「われわれが今行っていること」、要するに、われわれの今現在の行動だ。この言葉は、われわれの「生」に関する真理ではないだろうか。まさに、未来とはわれわれの現在の行動の集大成であり、結果なのである。われわれは、行動したものになり、あるいは、なろうとするものになるものなのだ。

使い方

A : I'm thinking about going back to college.
B : Good. Let's go and get some information.
A : Not today.
B : **The future depends on what we do in the present.**

A：大学に戻って勉強しようかと思っているの。
B：よし、ちょっと行って資料をもらってこようよ。
A：今日はちょっと。
B：未来というのはわれわれの現在の行動次第なんだよ。

Words & Phrases

depend on...「〜による; 〜にかかっている」　**present**「現在」
information「情報; 資料」

036

夢を描くことができれば、
実現できる。

**If you can DREAM it,
you can DO it.**

Walt Disney
ウォルト・ディズニー

解説

　直訳は「夢見ることができれば、実現できる」。このままの日本語でも十分に意味は伝わってくる。

　この言葉を聞いただけで、Disney Landの風景とIt's a small world.のメロディーが浮かんでくるのは僕だけだろうか。Disney Landはウォルト・ディズニーの夢のひとつだったと実感できるのだ。彼は夢想し、そして実現した。彼が実現した夢を目の当たりにして、さらにわれわれは勇気づけられる。Disney Landには、そんな勇気の素もこっそり隠されていたのだ。その夢も子どもたちへの贈り物なのだろう。

　世界の子どもたちの夢を現実の世界に再現するという夢を描き、それを完璧に実現したのがウォルト・ディズニーなのだ。

使い方

A : I want to become a photographer and travel around the world.
B : If you can DREAM it, you can DO it.
A : Thanks for the encouragement.

A：写真家になって世界中を旅して回りたいな。
B：夢に描くことができることは、実現できるって言うよ。
A：勇気づけてくれてありがとうね。

Words & Phrases

dream「夢見る；夢を描く」　**encouragement**「激励；励まし」

未来のことなど
考えたこともない。
未来はすぐそこにある。

**I never think of the future.
It comes soon enough.**

Albert Einstein
アルバート・アインシュタイン（理論物理学者）

解説

never think of the futureは「将来[未来]のことを考えたことなどない」、comes soon enoughは「十分すぐに訪れる」という意味。いかにも、いまこの時に考えたいこと、やってみたいことで溢れかえっていた人物の言葉だと思うと納得がいく。「とにかく今を精一杯生きるのだ」というメッセージが、この言葉の裏には隠れているのだろう。

未来のことなど思い悩む時間がない、考えている暇もない、というほどに、われわれの人生は、十分充実しているだろうか? もう一度、自分の人生の密度について考えてみたくなるひとことだ。

使い方

A : Well, what are you going to do?
B : I don't know. I hate thinking about the future.
A : Einstein said, "**I never think of the future. It comes soon enough.**"

A:それでこれからどうするつもりなの?
B:分からない。将来のことを考えるのって嫌で。
A:アインシュタインも「未来のことなど考えたこともない。未来はすぐそこにある」って言ってるしね。

Words & Phrases

think of...「~のことを考える」　soon enough「十分すぐに」

038

過去よりも夢を大きく。

**Never let your memories
be greater than your dreams.**

Douglas Ivester
ダグラス・アイベスター（コカコーラ社元社長）

解説

コカコーラの元社長ダグラス・アイベスターの言葉。直訳すると「あなたの記憶をあなたの夢よりも大きくするな」となる。少し日本語らしくしてみると、「過去よりも夢を大きく」くらいが適当ではないだろうか。要するに、「過去の輝かしい栄光や、あまい思い出にとらわれることなく、さらに大きな夢に向かって進んでいくことが何よりも大切だ」ということだ。「昨日よりも今日、さらに今日よりも明日を見つめて生きろ」というポジティヴな思想が語られている。

これに似たものに、Your past is like a ladder; it can take you up or take you down. がある。「あなたの過去ははしごのようなもの。あなたを上昇させもするが、あなたを引きずり降ろすことだってあるのだ」という意味の言葉だ。ほかに There is no future in the past.（過去の中に将来は存在しない）という言葉もある。

使い方

A : When I was a student, my paintings won a lot of awards.
B : Well, never let your memories be greater than your dreams.
A : Do you think I should start painting again?
B : Sure.

A：小学生の頃は、絵でたくさん賞をもらったんだけどなあ。
B：過去よりも夢を大きくもたなきゃだめよ。
A：僕は、また絵を描き始めるべきだと思うかい？
B：もちろんよ。

Words & Phrases

let...be...「〜を〜させる」

039

どうせなら
大きな夢を思い描こう。

As long as you're going to think anyway, think big.

Donald Trump
ドナルド・トランプ（実業家）

解説

　As long as...は「せっかく〜するのならば」という意味だ。As long as you're going to think anywayのところは「どうせ何かを考えるのなら」ということ。think bigは「野望を抱く；大きなことを考える」という意味の口語表現だ。

　アメリカビジネスの象徴といわれるほど大きな成功をおさめた、マンハッタン最大のビル建設会社Trump Organizationの会長であるドナルド・トランプらしい言葉だ。

　せっかくの人生なのだから、どうせ夢を見るのなら、大きな夢を見よう。どうせやるのなら、大きなことをやらかそうじゃないか。自分の勤める会社のこと、自分の部下のこと、上司のこと、隣近所とのつき合い……こまかなことを考えることも悪いことではない。しかし、一度の人生、どうせならもっと大きな夢を持ちたいものだ。

使い方

A : Let's employ 10 people to begin with.
B : As long as you're going to think anyway, think big.
A : Okay, how about 20?
B : No; 2,000.

A：最初は、10人ほど雇おうよ。
B：どうせならでっかく考えようぜ。
A：わかった、20人でどうだ？
B：違うね、2,000人でいこう。

Words & Phrases

as long as...「せっかく〜するのなら」　　think big「大きな夢を描く；野望を抱く」

040

未来の実現への
ただひとつの限界は、
現在への疑いだろう。

**The only limit to our realization
of tomorrow will be our doubts
of today.**

Franklin Roosevelt
フランクリン・ルーズヴェルト（第32代アメリカ合衆国大統領）

解説

　このルーズヴェルトの言葉はP.82のIf you can DREAM it, you can DO it.（夢を描くことができれば、実現できる）というディズニーの言葉とほぼ同じ考えを、逆に言い換えたものだろう。

　何かの実現に疑いを持っていれば、そのための努力を行うはずもない。だからそれが足かせとなり、われわれの未来を狭めてしまう。そして、そのような行為こそが、われわれの可能性を小さくする唯一の障害である、とこの名言は述べている。いかにも、ニューディール政策で、アメリカ国民に楽観主義を植えつけた大統領らしいひとことだ。

　The only limit to our realization of tomorrowは「われわれの明日の実現の唯一の限界」、our doubts of todayは「今日への疑い」。

使い方

A : Do you think I can do it?
B : I know you can.
A : I wish I were as confident as you.
B : The only limit to your realization of tomorrow will be your doubts of today.

A：僕にできると思うかい?
B：できるに決まっているじゃないか。
A：君みたいに自信に満ちていたらなぁ。
B：未来の実現へのただひとつの限界は、現在への疑いなんだよ。

Words & Phrases

limit「限界」　**realization**「実現」　**doubt**「疑い」

第4章

家族、仲間の大切さ

Chapter 4

Importance of Family and Friends

041

真の友人を持つ者こそが
富める者である。

They are rich who have true friends.

Thomas Fuller
トマス・フラー（聖職者）

解説

　この言葉の主トマス・フラーは、かつての英国の聖職者であり、卓越した知恵の持ち主として知られた賢人だ。まず、名言の意味を見ていこう。最初に、They are rich（彼らは富んでいる）と始めている。その後ろのwhoから始まる関係代名詞節が、その「富める者」をもう一度説明してくれる。どんな人物が「富める」なのかというと、who have true friends（真の友人を持つ者）なのだ、とフラーは言う。

　人生の豊かさや喜びといったものは、金や物、社会的地位といったものの中には存在しない。それは、真の友情の中にこそ見いだせるのだといった意味の言葉だ。苦しみや、悲しみ、あるいは喜びを分かち合える本当の友人の存在こそが、人生に豊かさ、つまり富を与えてくれるものなのだ。

使い方

A : My boss told me he'd give me a raise
　　if I worked weekends.
B : What did you tell him?
A : I said no. I spend my weekends with my friends.
B : **They are rich who have true friends.**

A：僕の上司が、週末も働いたら給料を上げてくれるって言ったんだよ。
B：で、何て返事したの?
A：やらないって言った。週末は友人と過ごすことにしてるんだもの。
B：よい友達を持つことほど価値のあることってないものね。

Words & Phrases

if I worked weekends「もし週末働いたら」
raise「昇給;〈賃金・料金・値段などを〉上げること」

042

友をつくる唯一の方法は、
その人の友となることだ。

The only way to have a friend is to be one.

Ralph Waldo Emerson
ラルフ・ウォルド・エマーソン（思想家・詩人・哲学者・作家）

解説

the only way は「たったひとつの方法」、to have a friend は「友達をつくる」という意味。文末の one は friend の繰り返しを避けるために用いた代名詞だ。

これは、ここまで何回か登場してきている、超絶主義を提唱したアメリカの思想家ラルフ・ウォルド・エマーソン（1803-82）の言葉。彼は数多くの著作、講演でも有名で、19世紀のアメリカにおいて、もっとも有名かつ愛される人物となった。彼の広大無辺な思想は、ひとことでくくることなどできないが、この名言は、われわれでもなんとかなりそうだ。

友をつくるのには、自分のほうも心から相手の友でなければらない。さもなければ、ただの遊び友達、あるいは都合のいいときに呼び出してつるむ相手でしかない。もはやこれは友と呼べるものではない。もし、あなたが本当の友を見つけようと思うのなら、あなた自身、心から相手の友になる必要がある。

使い方

A : You look sad.
B : I am. I'm having difficulty making friends.
A : The only way to have a friend is to be one.

A：悲しそうに見えるけど。
B：うん。友達をつくりたいんだけど、うまくいかないの。
A：友達をつくる唯一の方法は、(自分から)その人の友達になることなんだよ。

Words & Phrases

way「手段；方策」

043

両親の喜びは表に現れない。
その悲しみや不安も
またしかり。

**The joys of parents are secret,
and so are their griefs and fears.**

Francis Bacon
フランシス・ベーコン（哲学者・政治家）

解説

英国の哲学者、政治家フランシス・ベーコン（1561-1626）の言葉。The joys of parentsは「両親の喜び」、secretは「秘密の」あるいは「隠されていて外に出ない」という意味だが、ここでは「表に現れない」ことをいう。griefs and fearsは「悲しみや不安」。

両親というものは、子どもの喜びや悲しみ、不安や希望といつもともにいる。しかし、子どもたちは、両親がどれほど自分たちを愛し、慈しみ、見守ってくれているのかということにはなかなか気づかない。両親もまた、取り立てて自分たちの感情を露わにしない。なぜなら、子どもを慈しむことは、彼らにとって当然だからだ。子どもたちは、自分が親になったときに、やっとこのことに気づく。そのとき初めて、両親の隠された喜びや悲しみを知るようになるのだ。

使い方

A : Now that I have a child, I understand how parents feel.
B : Me, too.
A : I finally understand the meaning of what Francis Bacon wrote.
B : The joys of parents are secret, and so are their griefs and fears.

A：子どもができてやっと両親の気持ちが分かるようになったよ。
B：私もそうなの。
A：フランシス・ベーコンの言葉の意味もやっと理解できるようになったよ。
B：「両親の喜びは表に現れない。その悲しみや不安もまたしかり」のことね。

Words & Phrases

joy「喜び」　**secret**「隠された; 表に出ない」　**griefs and fears**「悲しみと不安」
so are... 倒置表現「～もまたそうである」

044

信頼せよ、そうすれば彼らはあなたに正直になる。素晴らしき人物として接しろ、そうすれば素晴らしさを示してくれる。

Trust men and they will be true to you; treat them greatly and they will show themselves great.

Ralph Waldo Emerson
ラルフ・ウォルド・エマーソン(思想家・詩人・哲学者・作家)

解説

　これは、テレビドラマや映画によく出てくるセリフのひとつ。前半も後半も「命令文 and...」の形で、「～せよ、そうすれば～になる」という意味になっている。

　あなたが相手に望むことがあるのなら、まずあなたがそうすることで相手の心をつかまなければならない。信頼を求めるなら、相手を信頼すること。よく扱ってほしければ、相手をよく扱うことだ。名言にはないが、逆に、相手を裏切れば、裏切られるし、悪口を言えば、相手にも悪口を言われる。簡単なことだ。

　何にせよ、人間は自分の行ったことを、そのまま相手から返されることになる。だとしたら、やはりわれわれは、自分にしてもらいたいように相手に接するしかないのである。

使い方

A : Do you think I can trust Sam?
B : I'm afraid I don't know him very well.
A : I'd better not trust him until I know him better.
B : Well, Emerson said, "Trust men and they will be true to you; treat them greatly and they will show themselves great."

A：サムって信用に足る人物だと思う?
B：彼をよく知らないので何とも言えませんね。
A：彼をもう少し知るまでは信用するのはやめておきます。
B：うーん、エマーソンは「信頼せよ、そうすれば彼らはあなたに正直になる。素晴らしき人物として接しろ、そうすれば素晴らしさを示してくれる」と言っているけどね。

Words & Phrases

be true to「正直になる」　**treat**「扱う」　**greatly**「高潔に; 寛大に」
I am afraid...「(好ましくないことについて) ～と思う; ～のようだ」

045

知識よりもまず気配り。

People don't care how much you know until they know how much you care.

Anonymous
作者不詳

解説

　how much you careは「君がどれほど心配りするかということ」。それを they know（人々が理解する）までは、People don't care how much you know（君がどれほどものを知っているかということに、人々は関心を示さない）だ、とこの名言は語る。

　これは、人というのは、相手の人間性に照らして、自分の行動を決める傾向にあることを達観した人生訓だ。この名言を聞いて、とても日本的な感じがするのは、僕だけだろうか。英語版「気配りのすすめ」といってもいいのではないだろうか。

使い方

A : Do you think I impressed them with my speech?
B : I guess. Now everyone knows you're smart.
A : What do you mean?
B : People don't care how much you know
　　until they know how much you care.

A：スピーチでうまく印象を残せただろうか？
B：と思うけど。もうだれもが君の頭のよさを分かってるからね。
A：何が言いたいんだ？
B：知識よりもまず、どれほど気配りができるかを見せるのが重要なんだよ。

Words & Phrases

how much you know「あなたがどれほどものを知っているか（ということ）」
how much you care「あなたがどれほど気を配ることができるか（ということ）」
impress「印象づける」

第5章 決断力を鍛える

Chapter 5

Developing Decisiveness

046

正しいことをするのに、
頃合を選ぶ必要などない。

The time is always right to do what is right.

Martin Luther King, Jr.
マーティン・ルーサー・キング・ジュニア（牧師）

解説

　マーティン・ルーサー・キング・ジュニア（1929-68）の言葉。アフリカ系アメリカ人のための自由民権運動の偉大な指導者であったキング牧師は、常に平和的抵抗を主張し、35歳で最年少のノーベル平和賞受賞者となったが、1968年4月4日、テネシー州、メンフィスで暗殺された。"I Have a Dream" speechはあまりにも有名。この名言は、まさに正義漢のキング牧師らしい言葉だが、日本人は果たしてこの言葉を実感を持って受け入れることができるのだろうか？　われわれは、もう一度この「正しいこと」という言葉を、考え直すべき時期に差しかかっているのかもしれない。

使い方

A : Do you think I should have helped him?
B : I do. He really needed you.
A : But….
B : The time is always right to do what is right.

A：彼に手を差し伸べるべきだったかしら？
B：そうだね。彼は君を本当に必要としていたよ。
A：でも……。
B：正しいことをするのに、頃合を選ぶ必要などないんだよ。

Words & Phrases

right「適当に；ふさわしく；正しい；正当な」

047

イノベーション（刷新すること）はすべてに「イエス」と言うことではない。極めて重要な機能以外には「ノー」ということである。

**Innovation is not about saying "yes" to everything.
It's about saying "no" to all but the most crucial features.**

Steve Jobs
スティーブ・ジョブス（アップル・コンピュータ社最高経営責任者）

解説

　スティーブ・ジョブスはなかなか満足しないワンマン社長であった。楽な仕事をしていては成功を望むことはできないということをよく分かっている人だ。

　No.にもさまざまな「ノー」がある。プライドからのNo、面倒くさいのでNo、気が弱いためのNo。これらは建設的なNoではないので、innovationに繋がらない。しっかりと見極めをした上でNoと言って初めてinnovationが可能になるのである。

　またIf you can't say no to what you don't want, you can't say yes to what you do want.（やりたくないことに対してノーと言えなければ、やりたいと望むことに対してイエスと言うことはできない）という言葉がある。ただ何でもかんでもイエスと言う限りは目標を見失うことになり、innovationは望めないのだ。

使い方

A : Here is my plan. Could you look at it?
B : It looks okay, but it's too complicated.
A : I wanted to include everything.
B : Innovation is not about saying "yes" to everything. It's about saying "no" to all but the most crucial features.

A：私の計画書です。見ていただけますか？
B：まあ、いいんですけど、ちょっと複雑ですね。
A：すべてを網羅したかったんです。
B：イノベーション（刷新すること）はすべてに「イエス」と言うことではない。
　　極めて重要なこと以外には「ノー」ということなんだ。

Words & Phrases

crucial features「重大な機能」

048

チャンスの扉は
押すことによって開く。

**The door of opportunity is
 opened by pushing.**

Anonymous
作者不詳

解説

opportunityは「機会；チャンス」。opened by pushingは「押すことによって開く」、つまり「押せば開く」。

たとえチャンスが目の前に転がっていても、そのチャンスに向かって行動しなければ、つまり、扉を押さなければ、そのチャンスはあなたに対して永遠に閉じたままなのである。

目の前にチャンスがあるのに、積極的になれなかったあなたには、この名言の意味をもう一度考えていただきたい。相手に手紙を書く、電話する、話をする、何にしろポジティヴに、自分のほうから相手にぶつかり、pushすることから始めよう。pushなしには何事も始まらない。「当たって砕けろ」の精神でぶつかってみようではないか。

使い方

A : I've finished school, and now I just need to wait for an opportunity.
B : Don't wait.
A : Well, what else can I do?
B : **The door of opportunity is opened by pushing.**

A：学業も終えたし、あとはチャンスを待つのみだ。
B：待ってちゃだめだよ。
A：えっ、じゃあ何をすればいいの？
B：チャンスの扉は押すことで開くんだよ。

Words & Phrases

opportunity「機会；チャンス」　　**be opened**「開かれる」

第6章 いかに働くか

Chapter 6

Developing a Work Style

049

リーダーとは、
自身のエネルギーを抑え、
周囲の人々の前向きな
エネルギーを
上手に組織化する人である。

**A leader is a person
who controls his own energy
and orchestrates
the positive energy
of the people around him.**

Peter Drucker
ピーター・ドラッカー（経営学者）

解説

　dictator(独裁者)は、人を仕切る場合に、背後から見張り、人々の気持ちにかかわらず、恐怖や脅迫をもって人々を目標に向かわせる。一方、真のリーダーは、人々の模範となって先頭に立ち、周囲の人々の正のエネルギーを上手に活用して目標に進んでいく。

　controlは「抑えたり、導いたりする」という意味。どちらかと言えば、好ましくないニュアンスがあり、自分に対してはあまり使う言葉ではない。ドラッカーは、周囲の人に対してはcontrolという言葉を使わずにorchestrateという言葉を使っている。これはオーケストラの指揮者が行うこと。楽器を弾く楽団員に強制をしたところで、よい音楽を奏でてくれるわけではない。楽団員たちの「美しい音楽を奏でたい」という前向きなエネルギーを活用することで、目標を達成するのである。企業組織内でも同じことが言えるのだ。

使い方

A : I'm having trouble with my staff.
B : I see. What's wrong?
A : I'm having trouble controlling them.
B : A leader is a person who controls his own energy and orchestrates the positive energy of the people around him.

A：スタッフとの間にトラブルを抱えているんだ。
B：そうなの。何があったの?
A：彼らをうまくコントロールできないんだ。
B：リーダーは、自身のエネルギーを抑え、周囲の人々の前向きな
　　エネルギーを上手に組織化する人のことを言うんだよ。

Words & Phrases

orchestrate「上手に組織化する; 統合する; うまく組み合わせる」
What's wrong?「何があったの?; 何が問題なの?」

050

改革は、
変化をチャンスに換える
唯一の方法である。

**Innovation is
the only way to turn change
into opportunity.**

Peter Drucker
ピーター・ドラッカー（経営者）

解説

change(変化)を避けられない流動する世界で、その変化の波にのまれて犠牲者になるか、それとも前向きにとらえながら、turn change into chance(変化をチャンスに換える)ことができるか、それが未来の勝利者への大きな分岐点になる。そのためにはinnovation(改革;刷新)できるかできないかがポイントだ。

ドラッカーの言葉は、「変化しなければ、変化をチャンスに置き換えることはできない」ということ。立ち止まらず、必要に応じて変化をしていく。それが大切なのである。

使い方

A: We have to be cautious.
　 We don't want to make mistakes.
B: I know, but we have to innovate.
A: I think we just need to wait.
B: **Innovation is the only way to turn change into opportunity.**

A:慎重にしなければ。ミスは犯したくないからね。
B:分かるけど、僕たちは革新していかなければならないんだ。
A:でもちょっと待ってみたほうがいいよ。
B:改革は、変化をチャンスに換える唯一の方法なんだ。

Words & Phrases

turn...into...「〜を〜に変える」　**opportunity**「好機;チャンス」

051

沈思黙考した後は、効率的な行動をしよう。静かに振り返ることから、さらに効率的な行動が生まれる。

Follow effective action with quiet reflection. From the quiet reflection will come even more effective action.

Peter Drucker
ピーター・ドラッカー（経営者）

解説

　仕事において PDCA cycle：plan-do-check-act cycle（計画・実施・評価・対処／改善）は有名だ。PDCAは Deming Wheel（デミング・ホィール）と呼ばれ、1サイクルをこの4段階として順次行い、継続的な業務改善を目指すことである。それをさらに単純化したのがドラッカー提唱の「考える→行動する→考える→行動する」。

　effective action とは「正しい目標に近づくための効率な行動」であり、その行動を実施するためには quiet reflection が必要である。reflection とは「振り返る」の意味。自分の行動が、目標にちゃんと向かっているのか、間違えていないのかを考えることが大切だと問うている。

使い方

A : Let's get started on the second part.
B : Before that, we need to reflect.
A : We don't have time.
B : **Follow effective action with quiet reflection. From the quiet reflection will come even more effective action.**

A：後半を始めよう。
B：その前に、振り返ってみる必要があるよ。
A：時間がないよ。
B：沈思黙考した後は、効率的な行動をしよう。
　　静かに振り返ることから、さらに効率的な行動が生まれるんだ。

Words & Phrases

follow ...with...「〜の後に〜をする」

052

天才とは、1パーセントの
ひらめきと、99パーセント
の努力である。

**Genius is one percent inspiration,
ninety-nine percent perspiration.**

Thomas Edison
トーマス・エディソン（発明家）

解説

　アメリカの偉大な発明家 トーマス・エジソンは、1874年にオハイオ州に生まれた。その生涯の中で、アメリカ史上他の追随をゆるさない1093もの特許を取得しているエジソンだが、彼の発明は映画、電話、レコード、CDなど、現代文明の基礎となったといっても過言ではないだろう。

　彼がどれほど多くの時間と努力を発明に注ぎ込んだかは想像に難くない。その努力の人 エジソンの言葉である、この名言はあまりにも有名で、説明の余地もない。geniusはもちろん「天才」、inspirationは日本語にもなっているが「ひらめき；インスピレーション」だ。もうひとつ、この名言のカギとなっている perspiration は「努力」という意味。汗を流しながら何事かに向かい奮闘することだ。

使い方

A : I wish I were smarter.
B : Genius is one percent inspiration,
　　ninety-nine percent perspiration.
A : You think I should study harder.
B : If that's what you want.

A：ああ、もっと頭がよかったらなぁ。
B：天才とは1パーセントのひらめきと99パーセントの努力よ。
A：もっと勉強したほうがいいって言いたいんだね。
B：もし、そうしたいのならね。

Words & Phrases

perspiration「努力」　**smart**「賢い；利口な」
what you want「あなたが望むこと」

053

努力すれば、
幸運はさらに訪れる。

**I find the harder I work,
the more luck I have.**

Thomas Jefferson
トーマス・ジェファーソン(アメリカ第3代大統領)

解説

　合衆国第3代目大統領、トーマス・ジェファーソン（1743-1826）の言葉。ジェファーソンは、ご存じのとおり、アメリカ「独立宣言」の草稿者でもあった。

　ここでは短くして紹介したが、I'm a great believer in luck, and I find the harder I work, the more luck I have.（私こそは幸運の大いなる信望者だ。努力すれば、幸運はさらに訪れる）というのがオリジナルだ。ジェファーソンが luck を信じていたのだから、アメリカ人が楽観主義的だと言われても不思議ではない。

　われわれも、このジェファーソンの言葉を信じて、やるだけのことはやって、後は楽観的に考えてみてはどうだろう。しかし、楽観的な気持ちになるには、ジェファーソンのごとく、懸命に、徹底的に働かなければならないのは間違いない。自分自身に達成感がなければ、楽観的になることなど不可能だからだ。

使い方

A : Are you going to buy a lottery ticket?
B : No, I'm not.
A : Don't you believe in luck?
B : I'm a great believer in luck, and I find the harder I work, the more luck I have.

A：宝くじは買いに行くの？
B：ううん、買わない。
A：幸運を信じないわけ？
B：幸運は心の底から信じてるよ、幸運は努力した分だけ手にできるんだ。

Words & Phrases

great「たいへんな；非常な」　**believer**「信奉者」　**lottery ticket**「宝くじ」

054

いつでも、
自分が恐れていることを
行いなさい。

Always do what you are afraid to do.

Ralph Waldo Emerson
ラルフ・ウォルド・エマーソン(思想家・詩人・哲学者・作家)

解説

　alwaysはdoを修飾している副詞。Always do...で「いつでも～しなさい」という意味になる。what you are afraid to doは「あなたが行うのを恐れていること」だ。

　エマーソンが言っているのは、「時には、勇気を出して物事をやってみるべきだ」ということではない。「いつでも、勇気を持ち、恐れず物事を行え。特に自分が恐怖を感じているものにこそ、すすんで立ち向かっていけ」と、告げているのだ。

　恐怖を克服することがわれわれの成すべきことだと言わんばかりの勢いである。

　恐怖とは己を脅かし、財産や、名誉、生命などを脅かすものに感じる感覚だ。ならば、恐怖を捨てるには、守るべきものを持たないようにしなければならない。大事に思うものがある人間には、必ず恐怖がつきまとうのだ。この言葉によって、われわれは、それを踏み越えていく勇気を試されているのだろう。

使い方

A : I'm thinking about talking to him.
B : Good idea.
A : I'm kind of afraid. I don't know what he'll say.
B : Always do what you are afraid to do.

A：彼に話しかけてみようかな。
B：いいんじゃない。
A：ちょっと恐いんだけど。彼が何て言うのか想像できない。
B：いつでも、自分が恐れていることをやってみるのよ。

Words & Phrases

afraid to do...「～することを恐れる; 嫌がる」

055

すべての規則に従えば、
すべての楽しみを
奪われるだろう。

**If you obey all the rules,
you miss all the fun.**

Katherine Hepburn
キャスリーン・ヘップバーン(女優)

解説

『招かれざる客』(67年)、『黄昏』(81年) などの作品で、アカデミー主演女優賞を4回受賞したアメリカの大女優、キャスリーン・ヘップバーンの言葉。

obey all the rules は「すべての規則に従う」、miss all the fun は「すべての楽しみを失う」という意味。

人間にはもちろん規則も必要だ。しかし、規則ばかりを気にしているようでは、自由に生きることはできないし、生きているとも言えないだろう。あなたがとてもきまじめな性格だとして、あれはだめ、これもだめと、規則やモラルばかりを気にして生きるのなら、たまには羽目を外してみてはどうだろうか？

使い方

A : The most important thing is to obey the rules.
B : I don't agree.
A : What? Why not?
B : If you obey all the rules, you miss all the fun.

A：規則を守るのが何より重要だよ。
B：そうは思わないな。
A：えっ？　どうして？
B：規則にすべて従えば、楽しみもすべて奪われてしまうからだよ。

Words & Phrases

obey「に従う; 応じる」　**miss**「逸する; 取り逃がす」　**fun**「楽しみ; 喜び」

056

他人を裁くより
自分を裁くほうが
ずっと難しい。

**It is much more difficult to
judge oneself than to
judge others.**

Antoine de Saint-Exupery
サンテクジュペリ（作家）

解説

　Le Petit Prince『星の王子様』でお馴染みの、フランス人作家、サンテクジュペリ（1900-44）による名言。

　to judge oneself（自分自身を裁く）のほうが、to judge others（他人を裁く）よりもずっと難しい。もちろん、これはわれわれも経験から容易に理解できる言葉ではあるが、忘れがちな言葉でもある。

　日々の生活の中で、どうしても、自分に都合のよい理屈をつけてしまうのはわれわれの性である。知らず知らずのうちに自分を甘やかしてしまいがちだ。逆に、自分の周りの人への注文は、はるかに厳しい。特に、部下をもち、だれかを管理する立場になったら、この言葉をしっかり胸に刻みつけておきたいものだ。

使い方

A : Whose fault do you think it is?
B : It's all his fault. I've done nothing wrong.
A : Well, think carefully. **It's much more difficult to judge oneself than to judge others.**

A：だれのせいだと思う？
B：彼のせいだよ。僕は何も悪くないもの。
A：よく考えてみたら。他人を裁くより自分を裁くほうがずっと難しいんだよ。

Words & Phrases

much more difficult「ずっと[はるかに]難しい」　**judge**「裁く；判断する」
fault「落ち度」

第7章 チャレンジする心

Chapter 7

Finding Determination

057

失敗したことのない人は、
新しいことにひとつも
挑戦しなかった人である。

**Anyone who has never made
a mistake has never tried
anything new.**

Albert Einstein
アルバート・アインシュタイン（理論物理学者）

解説

　アインシュタインの言葉。Anyone who has never made a mistake の部分がこの名言の主語にあたるが、ここは「一度も失敗したことがない人」という意味だ。その人がどんな人なのかというと、has never tried anything new「何も新しいことにトライしなかった人」なのである。

　何もしなければ失敗もしない。だが、アインシュタインはそんな人をよしとしない。逆に、「失敗してもいいじゃないか、どんどん新しいことに挑戦していく気概を持とう」とわれわれに向かって語りかけているのだ。

　このアインシュタインの言葉を胸に刻みつけておけば、もう何も怖いものなどない。チャレンジこそが人生なのだ。

使い方

A : I'm so worried about making mistakes.
B : Don't worry so much.
A : I can't help it.
B : Anyone who has never made a mistake has never tried anything new.

A：失敗が怖くてたまらないの。
B：そんなに悩んじゃだめよ。
A：どうしようもないのよ。
B：失敗しないってことは、何事にも挑戦しないことと同じなのよ。

Words & Phrases

make mistakes「しくじる; 誤る」
can't help...「〜をせざるを得ない; どうしようもない」

058

何が何でも
決してあきらめるな！

**Never, never, never, never
give up.**

Winston Churchill
ウィンストン・チャーチル（第二次世界大戦時のイギリス首相）

解説

　ウィンストン・チャーチルは、1874年、英国に生まれた。第二次世界大戦の危機を乗り切った勇敢な英国の首相（1940-45）である彼は、そのしぶとさでも知られている。

　チャーチルのこの有名な言葉は、第二次世界対戦終了直後に、オックスフォード大学の卒業生に向けて語られたもの。neverを4度繰り返しているが、そのまま日本語に直訳してみると「決して、決して、決して、決してあきらめるな！」となる。単純だが、「どんなときにも、決してあきらめてはいけない」というメッセージが込められた、最高にインパクトのある表現だ。どうしても負けられない、踏ん張らなければならないときには、ぜひ思い出してほしい。

使い方

A : I don't think I'll ever finish this book I'm writing.
B : You can do it, I'm sure.
A : Never, never, never, never give up.
　That's what Winston Churchill said.

A：この本の執筆が終わるとは思えなくなってきたよ。
B：大丈夫です、できますよ。
A：何が何でも絶対にあきらめるな！　ウィンストン・チャーチルの言葉だね。

Words & Phrases

never「決して」　**give up**「やめる；あきらめる；絶望だ」

059

困難の大きさは、
克服したときの歓びに
比例する。

**The greater the obstacle,
the more glory
in overcoming it.**

Moliere
モリエール(劇作家)

解説

　これはフランスの劇作家、モリエール（1622-73）の言葉だ。彼はもっとも偉大なる喜劇作家のひとりに数えることができる。彼の普遍的な喜劇はいまだに、多く翻訳、上演されており、観客を大いに湧かせている。

　obstacleは「障害」、gloryは「栄光；歓喜」、overcomeは動詞で「克服する」という意味。

　人生は困難の連続だ。でも、困難がなければ、克服したときの大きな歓び、歓喜の味を噛みしめることはできない。もしかしたら、その美味なる歓喜を味わうために、人はつらく厳しい時間を過ごしているのかもしれない。仕事の後のビールの最初の一口は、とてもうまいではないか。

使い方

A : This project is the hardest thing I've ever done.
B : I know you've been working hard.
A : I have, but I hope things work out.
B : **The greater the obstacle, the more glory in overcoming it.**

A：今回のプロジェクトは今まで手掛けた中でも一番難しいものだよ。
B：君はよく働いてるよ。
A：そうだね、うまくいけばいいんだけど。
B：困難が大きいほど、克服したときの歓びも大きいものだよ。

Words & Phrases

obstacle「障害；邪魔(者)」　**overcome...**「〜を克服する」
I've ever done「私が今までに行った」

060

困難こそがベストを尽くす
チャンスだ。

**A problem is
your chance
to do your best.**

Duke Ellington
デューク・エリントン(音楽家)

解説

　デューク・エリントン（1899-1974）は1974年5月29日に75歳で亡くなったが、彼の音楽は時代を超越したものだ。彼は、ポップスからシンフォニー、映画音楽、バレエなど、あらゆるジャンルにおいて質の高い音楽を無数に創造した。

　この言葉は、彼の創作活動における、ひとつの姿勢を表現したものだろう。

　大きな「困難」に直面すればするほど、強い集中力と、精神力、技能が要求される。時には、自分自身の限界を超えた力を発揮することも要求されるだろう。そのようなときにこそ、われわれは成長するものなのだ。最善を尽くすことをわれわれに要求し、われわれの度量を、もうひと周り大きくしてくれるのが、problem（困難）なのだ。

使い方

A : I have to work overtime tonight.
B : Did something happen?
A : We're facing a huge problem.
B : **A problem is your chance to do your best.**

A：今夜は徹夜で仕事だよ。
B：何かあったの？
A：でかい困難に直面してるのさ。
B：ベストを尽くして仕事ができるいいチャンスじゃないか。

Words & Phrases

problem「困った事態；問題；困難」　**chance**「機会；チャンス」
do one's best「ベストを尽くす」

061

年老いて自分の人生を
顧みたとき、やらなかった
ことを後悔するより、
やったことを後悔したい。

**When I get old and
I look back, I want to regret
the things I did, and not
the things I didn't do.**

George Lincoln
ジョージ・リンカーン(DJ)

解説

「人生に悔いを残すな」という日本でもよく言われる言葉を、英語で語ったのがこの名言だ。When I get old and look back（自分が年老いて、これまでを振り返ったとき）、I want to regret the things I did（やったことで後悔したい）というくだりは、積極的だ。

チャレンジして、それで失敗するならいい。しかし、チャレンジしなかったことを後悔するのは、何とももったいないではないか。せっかく、この世に生まれてきたのだから、やりたいことがあるのなら、何にでも積極的にチャレンジしようではないか。もちろん、年齢や社会的な地位、周囲の人の意見などに流されそうになることもあるだろうが、そのような妨害に流されず、自分の人生を生きよというアドヴァイスが、この言葉なのだ。

使い方

A : I'm going to go hiking in the Amazon jungle.
B : You're going to regret it.
A : When I get old and I look back, I want to regret the things I did, and not the things I didn't do.

A：徒歩でアマゾンの密林探検に行くんだ。
B：きっと後悔するよ。
A：年老いて自分の人生を見つめ直したとき、やったことを後悔するのはいいんだけど、やらなかったことで後悔はしたくないんだ。

Words & Phrases

look back「顧みる」　**regret**「(過去の事を)後悔する; 残念に思う」
hiking「徒歩での旅; ハイキング」

062

失敗は遠回りだ。
行き止まりなどではない。

Failure is a detour, not a dead-end street.

Zig Zigler
ジグ・ジグラー（著述家）

解説

　人生に失敗（failure）はつきもの。しかし、それはただの遠回り（detour）でしかない。まっすぐに進むべき道をちょっと横道にそれていただけなのだ。行き止まり（dead-end street）などでは決してない。直訳してみるとこういう意味になる。

　この長い人生において、これ以上どうしようもないと感じることもあるだろう。そんなときには、この言葉を思い出して、もう一度ゆっくり自分の行くべき道を探してみてはどうだろうか。どのような苦しい状況の人にも、道は必ず見つかるのだ。

　正しい道が見つかったら、すぐに軌道修正できるはず。そう、決して人生にどん詰まりなんてないのだ。ただ、少し遠回りしていただけなのだから。

　これは、ジグ・ジグラーの言葉だが、彼の著作であるジグラー・オーディオ、ビデオ、書籍およびトレーニングマニュアルなどは、1970年以降、企業をはじめ、米国政府機関、教会、学区、刑務所、非利益団体等において活用され、人々の人生に影響を与え続けている。

使い方

A : I failed the test. I'll never become a doctor.
B : Failure's a detour, not a dead-end street.

A：試験に落ちちゃった。医者になるなんて絶対無理な気がする。
B：失敗は回り道みたいなもんで行き止まりじゃないよ。

Words & Phrases

detour「回り道; 迂（う）回路; 遠回り」　**dead-end**「行き止まりの; 行き詰まりの」

063

道をふさがれたなら
遠回りすればよいだけの
こと。

**When you come to a roadblock,
take a detour.**

Mary Kay Ash
メアリ・アッシュ（Mary Kay Cosmetics 創始者）

解説

　roadblockは「道路の封鎖；障害；通行止め」のこと。「通行止めにぶちあたったら、take a detour（回り道する）すればいい」が直訳。

　「失敗は遠回りだ。行き止まりなどではない」Failure is a detour, not a dead-end street. という言葉をP.142で紹介したが、それよりもさらにポジティヴだ。「道をふさがれたら遠回りしろ」ということは、**どんな障害があってもあきらめずに、それを乗り越えるための道を探し出せ**ということだろう。

　さすが、Mary Kay Cosmeticsの創始者メアリ・アッシュの言葉だ。Mary Kay Cosmeticsは全米でも大手の化粧品会社で、47万人余りのセールスパーソンが世界25カ国で2.8億ドル以上の売上を叩き出している企業だ。「ビューティー・コンサルタント」という9人のセールスレディーを使ってルートセールスから商売を興したアッシュならではの言葉だ。

使い方

A : I was planning to start a business, but my partner quit.
B : When you come to a roadblock, take a detour.
A : What do you mean?
B : Do it yourself.

A：そろそろ事業を始める頃合だったのに仲間が手を引いちゃって。
B：ダメだと思ったら回り道すればいいのよ。
A：どういうこと?
B：自分自身でやればいいってこと。

Words & Phrases

roadblock「路上障害物; (目的・追求の) 妨げ [障害] となる人 [物]; 通行止め」
detour「回り道; 迂回路」

064

賢者は自らチャンスを
創りだす。
見つかるまで
待つことは少ない。

**A wise man makes more
opportunities than he finds.**

Francis Bacon
フランシス・ベーコン（哲学者・政治家）

解説

　フランシス・ベーコン（1551-1626）は英国貴族として生を受けた哲学者。現代哲学に多大な影響を与えた。

　a wise manは「賢者；賢人」。賢人は、opportunity（チャンス）をfindする（見つけだす）よりも、more opportunity（さらに多くのチャンス）を自ら創りだす、と ベーコンはこの名言の中で述べている。

　これは現代のビジネスにもあてはまる言葉だろう。ビジネスも、ただ待っているだけではチャンスをつかむことはできない。自ら素晴らしいアイデアならば、積極的に情報を収集し、あらゆるビジネス・パートナーと議論し、形になるまで奮闘することが必要だ。

使い方

A : Are you going to start your own business?
B : Someday. I'm waiting for the right opportunity.
A : A wise man makes more opportunities than he finds.

A：自分で事業を起こすの?
B：そのうちね。いいチャンスを待っているんだ。
A：賢人は待っているよりも、自分でチャンスを創りだすものだよ。

Words & Phrases

wise man「賢者」　**opportunity**「機会; チャンス」　**business**「事業」
right「適切な; 適当な」

065

人生を勝ち取るための
王道など存在しない。

**There are no shortcuts to
life's greatest achievements.**

Anonymous
作者不詳

解説

　作者不詳の名言。There are no shortcuts to... という言い方は、英語の慣用句に数多くみられる。「〜への近道はない」という意味だ。shortcutはもちろん「近道」。greatest achievementは「最高の成果；達成」。全体では「人生の最高の成果へ至る近道などはない」といった意味になる。

　受験勉強で覚えたかもしれないが、There is no royal road to learning. ということわざもある。こちらは日本でも有名だが「学問に王道なし」という意味だ。学問にせよ、人生の成功にせよ、近道や王道などない。こう割り切って地道に頑張り続けることが、実は隠れた王道なのだろう。

使い方

A : Why don't you go back to college?
B : That'll take too long.　I'll just read a book.
A : There are no shortcuts to life's greatest achievements.

A：また大学で勉強してみたら?
B：時間がかかりすぎるよ。とりあえず本を読むことにするよ。
A：人生において大事なことを成し遂げるためには近道なんかないのよ。

Words & Phrases

---

shortcut「近道；ショートカット」　**achievement**「達成；成就」

066

自分で思っている以上の
ことをできない人間など
どこにも存在しない。

**There isn't a person anywhere
that isn't capable of doing more
than he thinks he can.**

Henry Ford
ヘンリー・フォード（自動車王）

解説

　少し英語表現が複雑なので、ていねいに説明しておく。There isn't a person anywhereの部分は「人物はどこにもいない」という意味。どのような人物かはthat以下で説明されている。that isn't capable of doingのところがそうだが、これはa personを先行詞としているので、「行うことができない人物」とpersonを修飾する。ここまでをまとめると、「行うことができない人物はどこにもいない」という意味。more than...は「〜以上を」、he thinks he canは「その人ができると思っている」という意味。ここをつなぐと、「その人ができると思っている以上に」となる。

　要するに、だれでも「自分の思っている以上のことができる」、「人間というものは、だれでも大きな可能性を秘めている」ということ。いかにも、アメリカの自動車王、ヘンリー・フォード（1863-1947）らしい言葉だ。

使い方

A : I want to start my own company.
B : Do you think you can?
A : There isn't a person anywhere that isn't capable of doing more than he thinks he can.

A：自分で事業を立ち上げたいんだけど。
B：できるの?
A：人間っていうのは、だれだって自分で思ってる以上のことができるものなんだよ。

Words & Phrases

not... anywhere「どこにも〜ない」　be capable of...「〜できる」
more than...「〜以上」

067

シュートは、打たなければ
100％外れる。

**You miss 100% of the shots
you never take.**

Wayne Gretsky
ウェイン・グレッツキー（アイスホッケー選手）

解説

　ウェイン・グレッツキーはカナダ出身のアイスホッケー選手。NHL（the National Hockey League）で数々の前人未到の記録を打ち立て、the Great One というニックネームで呼ばれる。1999年、彼の背番号99は New York Rangers の永久欠番となった。

　この言葉は、グレッツキーがプレーするときの心構えであると同時に、人生における名言でもある。もちろんアイスホッケーでも、サッカーでも、ゴールを狙わなければ、ゴールできるはずはない。You miss 100%「100%外れる」のは当然だ。人生においても同じことだ。the shots you never take の部分は「あなたが決して試みないショット」。take a shot at... は「～を試みる；やってみる」というフレーズだ。

使い方

A: I was thinking about applying,
   but I just knew I wouldn't get the job.
B: **You miss 100% of the shots you never take.**
A: You think I should have applied?
B: Of course.

A：入社試験に申し込んでみようとは思ってたんだけど、
　　仕事は手に入らないだろうから。
B：シュートは、放たなければ100% 外れるんだよ。
A：申し込むべきだったと思うかい？
B：もちろんだよ。

Words & Phrases

miss「的を外す」　**shot**「ショット；シュート」　**take a shot**「試す；試みる」

Chapter 7　Finding Determination　チャレンジする心

068

私はくじけない。
なぜなら、どんな失敗でも
次への前進の
新たな一歩となるから。

I am not discouraged, because every wrong attempt discarded is another step forward.

Thomas Edison
トーマス・エディソン(発明家)

解説

　エディソンの言葉は、いずれも希望に満ちたものばかりだ。

　be discouragedは「くじける；失望させられる」、every wrong attempt discardedは「うち捨てられたすべての失敗」、another step forward は「次の一歩」という意味。

　彼のこの言葉によると、「失敗」＝「次の一歩；前進の一歩」なのだ。精神をくじかれるための一歩であったなどと考えてはいけない。失敗の一歩も最終的な成功への一歩には違いないからだ。

　どんなことがあっても、新たな成功への歩みをやめてはいけない。決してあきらめるな。エディソンはこう訴えかけているに違いない。

使い方

A : You look discouraged.
B : I don't seem to be making any progress at all.
A : You know what Thomas Edison said?
　"I'm not discouraged, because every wrong attempt discarded is another step forward."

A：がっくりきちゃってるみたいね。
B：全然進歩してない気がしちゃって。
A：エディソンが何て言ったか知ってる？　「私はくじけない。なぜなら、どんな失敗でも次への前進の新たな一歩となるからだ」。

Words & Phrases

discourage「希望や自身を失わせる；くじく」
wrong attempt「失敗に終わった試み」
discard「放棄する；投げ出す」　**forward**「前への；前へ向かう」

069

あなたがなっていた
であろう人になるのに
遅すぎることはない。

**It's never too late
to be who you
might have been.**

George Eliot
ジョージ・エリオット(作家)

解説

英国の女流作家、ジョージ・エリオット（1819-80）の言葉。『Silas Marner』や『The Mill on the Floss』といった作品で有名。

never too late to... は「〜するのに遅すぎることはない」という意味。be who you might have been は「あなたがなっていたかもしれぬ人」。

人間だれにも、こうありたかった、こうなりたかったという希望があったはずだ。しかし、時にそのことを忘れてしまう。だが、もし、今そのことを思い出したなら、遅すぎることなどない。今すぐにでも、その忘れていた希望を追いかけてみよう。われわれはいつでもなりたいものになれる、いつでも再出発することができるのだ。

使い方

A : This is my degree from cooking school.
B : You wanted to become a chef.
A : A long time ago. It's too late now.
B : It's never too late to be who you might have been.

A：これ料理学校の学位なの。
B：シェフになりたかったのね。
A：昔のことよ。もう手遅れね。
B：なっていたかもしれないものになるのに、遅すぎることはないわよ。

Words & Phrases

never too late to...「〜するのに遅すぎることはない」
might have been...「〜であったかもしれない」　**degree**「学位；号（修士号）」
chef「シェフ」

070

成功する人間とは、
たいていの場合、
自ら果敢に挑む者だ。

The man who goes the farthest is generally the one who is willing to do and dare.

Dale Carnegie
デール・カーネギー（著述家）

解説

　go the farthestは go far（成功する）というフレーズの最上級表現。willing toは「喜んで〜する；自ら進んで〜する」という意味。willing to do and dareだと、「自ら進んで、働き、果敢にチャレンジする」といった意味になる。

　何かに取り組むとき、熱意や勇気を持って果敢に立ち向かっているだろうか？ これはなかなか難しい。何事にもくじけない決意と自信を持たなければ、自ら進んで勇敢にチャレンジすることなどできないからだ。自信と決意の上に立って、果敢に自分に与えられた天職をこなしていくことが成功への必須条件なのだ。カーネギーのこの名言は、そう教えてくれている。

使い方

A : What do you really want to do?
B : I want to go to Hollywood and become an actor, but I don't have any confidence.
A : Let me read to you what Dale Carnegie wrote. "Take a chance ! All life is a chance. **The man who goes the farthest is generally the one who is willing to do and dare.**"

A：本当は何がしたいの？
B：ハリウッドに行って俳優になりたいんだけど、自信がなくて。
A：デール・カーネギーの言葉を読んであげる。
　　「チャンスを生かせ。人生そのものがチャンスだ。成功する人間とは、たいていの場合、自ら果敢に挑む者だ」

Words & Phrases

go far「成功する」　be willing to...「喜んで[快く]〜する」
dare「思い切って[恐れずに]行う」　confidence「自信」

071

人生とは、
果敢なる冒険か、
つまらぬものの
どちらかだ。

**Life is either
a daring adventure
or nothing.**

Helen Keller
ヘレン・ケラー（教育家・社会福祉事業家）

解説

　ヘレン・ケラーの言葉だ。ヘレンが障害を克服する過程は、まさに daring adventure（果敢な冒険）だっただろう。しかし、その機会を与えられるまでのヘレンの人生は、彼女自身にとって本当に nothing（つまらないもの；存在しないも同じもの）に思われたのかもしれない。そういった彼女自身の経験に基づいた激励の言葉だと思う。either...or... は「〜か〜のどちらか」という意味。

　障害があろうがなかろうが、われわれにはチャンスがある。いかなるときにも、何かを成すための意志を燃え上がらせる能力がある。であれば、何もせず、じっとおとなしくしていることなどない。周りが何と言おうが、自分で自分の人生に挑みかかっていこう。そこには必ず、何かエキサイティングなことが待ち受けているのだ。

使い方

A : I don't want to go anywhere.
B : Don't you like adventure?
A : I like sitting home and watching TV.
B : Well, if you ask me, life is either a daring adventure or nothing.

A：ずっとここにいたいよ。
B：冒険とか好きじゃないの?
A：家で座ってテレビを見るのが好きなの。
B：私に言わせれば、人生とは、果敢なる冒険か、
　　つまらぬもののどちらかだなんだよね。

Words & Phrases

daring adventure「大胆な；勇敢な；不敵な」
if you ask me「私に言わせれば；私の意見では」

Chapter 7 Finding Determination　チャレンジする心

072

死ぬことより
苦しむことのほうが
勇気がいる。

**It requires more
courage to suffer
than to die.**

Napoleon Bonaparte
ナポレオン・ボナパルト(フランス皇帝)

解説

　フランス皇帝であったナポレオン・ボナパルト（1769-1821）の言葉。学校で学んだ it...to... 構文の登場。to suffer（苦しむ）が、it の内容を表す部分だ。「苦しむこと」は requires more courage（さらなる勇気を必要とする）と前半で述べている。後半は比較の部分で than to die で「死ぬことよりも」という意味。

　物事が本当に重くのしかかり、想像を絶する苦渋を強いられるときが、人生にはある。そんなとき、すべてを投げ出してしまう、つまり、死をもってすべてを終わらせる人もあろう。しかし、苦しみを終わらせるためだけに、その選択を行うのはあまりにも安易だ。われわれには生まれてきた理由があるはずだ。その理由を少しでも明らかにするために、苦しみにも挑むことが大切であるということが、この名言のメッセージだろう。

使い方

A : I'm so embarrassed.
B : In a year, everyone is going to forget this.
A : But I'm so embarrassed I want to die.
B : Napoleon said, "**It requires more courage to suffer than to die.**"

A : ああ、恥ずかしい。
B : 1年も経てばみんな覚えていないよ。
A : でももう恥ずかしくって死にたいくらいだわ。
B : ナポレオンも「死ぬことより苦しむことの方が勇気がいる」と言っているよ。

Words & Phrases

require「要する」　**courage**「勇気」　**suffer**「（苦痛;深いなどを）被る; 苦しむ」
embarrassed「ばつの悪い; 恥ずかしい」

Chapter 7　Finding Determination　チャレンジする心

第8章

成功の秘けつ

Chapter 8

The Secrets of Success

073

楽しめないことで、
成功するのは難しい。

**People rarely succeed unless
they have fun in
what they are doing.**

Dale Carnegie
デール・カーネギー（著述家）

解説

　デール・カーネギー（1888-1955）はセールスマンから転向して、YMCAのパブリックスピーキングの講師となった。彼の著書『How to Win Friends and Influence People』は大ベストセラーとして有名だ。カーネギー自身大成功を収めたわけだが、その彼の言葉だから説得力がある。

　rarely...は「滅多に～ない」という意味の副詞だ。rarely succeedだから「滅多に成功しない」。unless...は接続詞で「～しない限り」という意味なので、unless they have funの部分は、「彼らが楽しみを持たない限り」となる。in what they are doingは「彼らが行っていることの中に」。すべてをつなげて翻訳すると「行っていることの中に楽しみがなければ成功することは難しい」といったところだ。

　楽しく働けないのならば、天職ではない。そういった仕事で人が成功するのは難しい。

使い方

A : I really want to quit my job, but I want to succeed.
B : People rarely succeed unless they have fun in what they are doing.
A : Do you think that's really true?
B : Yes, I do.

A:もう本当に仕事を辞めたい、けど成功もしたいんだ。
B:楽しめないことで成功するのは難しい、って言うしね。
A:本当にそうだと思ってる?
B:うん、そうだと思うよ。

Words & Phrases

rarely...「滅多に～ない」　**unless...**「～しない限りは; もし～でなければ」
quit「(仕事などを)やめる; 手放す; 放棄する」

成功への第一の秘けつは
自分への信頼である。

**Self-trust is the first secret
of success.**

Ralph Waldo Emerson
ラルフ・ウォルド・エマーソン(思想家・詩人・哲学者・作家)

解説

　Self-trustは「自分への信頼」、secret of successは「成功の秘けつ」という意味。きちんとした日本語に訳すと、ここにも書いた「成功の第一の秘けつは自分への信頼である」といったものが適切だろう。

　「まず最初に自分を信頼せよ、自分にはできるんだということを信じろ」ということをわれわれに伝えるものだ。あなたにも、いや僕にも、大きな可能性が存在するのだ。その可能性を実現できるかどうかは、われわれにどれほど「自分を信じる力」があるかにかかっているのだ。

使い方

A : You have been so successful. What is your secret?
B : Well, I believe what Emerson said.
A : What was that?
B : "Self-trust is the first secret of success."

A：首尾よくやってるよね。秘けつは何なの?
B：うん、エマーソンの言ったことを信じてることかな。
A：何それ?
B：「成功への第一の秘けつは自分への信頼だ」っていう言葉さ。

Words & Phrases

self-trust「自分に対しての信頼」　secret of success「成功の秘けつ」

075

成功する者は失敗から学び、
再び違う方法を試みる。

**The successful man will profit
from his mistakes and try again
in a different way.**

Dale Carnegie
デール・カーネギー（著述家）

解説

　ほかの項でも紹介したアメリカの著述家、デール・カーネギー（1888-1955）の言葉。P.154で紹介したエディソンのI am not discouraged, because every wrong attempt discarded is another step forward.（私はくじけない。なぜなら、どんな失敗でも次への前進の新たな一歩となるから）という言葉と同じく、失敗は次へのチャレンジへの過程であると考えた名言だ。

　profit from...は「〜から（利益）を得る」、in a different wayは「別の方法で」という意味だ。「失敗から利益を得て、別の方法を試す」ということは、さまざまな人が、さまざまな言葉で繰り返し訴えている成功への有効な手段である。しかし、だれもが、この名言に従って、トライを繰り返すことができるのではない。成功には、トライを何度繰り返しても、自分の信じたことを実現させようという、強い執念が必要だ。

使い方

A : How did you do on the test?
B : Not very well.
A : Someone smart once said, "**The successful man will profit from his mistakes and try again in a different way.**"

A：試験はどうだった?
B：あまりよくなかった。
A：どこかの偉い人が言ったんだそうだけど、「成功する者は失敗から学んで、別の方法を試してみる」そうだよ。

Words & Phrases

profit from...「〜から(利益を)得る」　**in a different way**「違う方法で」
smart「賢い；機知に富んだ」

076

やりたいことをやること
こそが成功につながる。
成功者となる秘けつは
ほかにはない。

Success follows doing what you want to do. There is no other way to be successful.

Malcolm Forbes
マルコム・フォーブス(フォーブス社元社長)

解説

アメリカ3大ビジネス誌のひとつ『フォーブズ』を出版するForbes, Inc.の元社長（1964-80）であり、会長（1980-90）でもあったマルコム・フォーブスの言葉。

人間だれしも、好きなことには迷いなく心血を注げるものだ。日本にも「好きこそものの上手なれ」とのことわざもある。フォーブスの考えもこれと同様。「自分の好きな道を突き進んでこそ、成功への道が開ける」というものだ。

みなさんも、仕事の中から、少しでも自分が積極的になれることを見つけるように努力してみてはいかがだろう。好きなことなら、自ら進んで考え、意見を述べ、行動することができるはずだ。

Do what your heart tells you, and all else will follow.（心の声に耳を傾ければ、あとは自然と物事がついてくるものだ）という表現もある。大切なのは「やりたい」という自発的な気持ちだ。

使い方

A : I want to be an actor.
B : Well then, that's what you should do.
A : But most actors don't make much money.
B : Success follows doing what you want to do.
　　There is no other way to be successful.

A：役者になりたいと思ってる。
B：へぇ、ならばそうすべきだね。
A：でも役者って稼げないんだよね。
B：やりたいことをやることこそが成功につながる。それこそが成功の秘けつだよ。

Words & Phrases

follows「あとに続く」

077

成功とは終着点ではなく、
その旅路をいう。

**Success is never a destination –
it is a journey.**

Satenig St. Marie
サテニグ・セイント マリー（ノンフィクションライター）

解説

　アメリカのノンフィクションライター、サテニグ・セイントマリーの言葉。

　「成功とは結果でなく、結果に至る途中の、長い努力の過程ひとつひとつ、その道のりでの小さな積み重ねのすべてが成功なのである」ということ。一日一日を大切にして、地道な努力を積み重ねてこそ、成功への道が開ける。成功の陰には、そんな日々の積み重ねがあったことを忘れてはいけないということだ。何事もおろそかにせず、楽しみながら仕事に励むことの大切さを教えてくれる言葉だろう。

　これに似たものに、Getting there is half the fun.（過程こそが大半の楽しさ）がある。毎日、張り合いをもって生き、誠実に人生を進んでいくことは楽しい。そして、そのような心持ちで努力する人こそ、結果的に何事かを成し遂げることができる人なのであろう。

使い方

A: I really hate my job, but I know someday I'm going to succeed.
B: Well, success is never a destination — it is a journey.
A: What do you think I should do?
B: Find a job you like.

A: 今の仕事ってホント最低、でもいつか成功してやるんだから。
B: あのねえ、成功とは終着点ではなくその旅路だっていうだろう。
A: なら、どうしたらいいと思うんだい?
B: 好きになれる仕事を見つけたらどうかな。

Words & Phrases

destination「行き先; 到着地」　**journey**「旅行; 推移; 進展; 道程」
succeed「成功する」

078

絶対に成功するという
つもりでやれ。

Act as if it were impossible to fail.

Dorothea Brand
ドロシア・ブランド(ノンフィクションライター)

解説

　ノンフィクションライター、ドロシア・ブランドの言葉。「何をやったって、失敗することなんかありえないというふうに振る舞いなさい」が直訳。少し日本語らしくしてみると、この「絶対に成功するつもりでやれ」くらいが適当だろう。「強い自信を持って物事に取り組め、それが成功への鍵だ」という含意の言葉だ。

　これに似たものに act（行動する）という単語のかわりに mind（気持ち、心）を使った表現もある。You can do anything you put your mind to.（その気になれば何だってできる）が、それだ。mind つまり「気持ち」を注ぎ込めば、何でもできるということなのだ。この二つの言葉から分かるように、何事も、自信を持って、本気でやるのが成功の秘けつだ。

使い方

A : I guess I'm going to become an accountant.
B : I thought you wanted to be a painter.
A : I do, but I don't have any confidence.
B : Just act as if it were impossible to fail.

A：会計士になろうと思うんだ。
B：画家になりたいんじゃなかったっけ。
A：なりたいけど、でも自信がないんだよ。
B：絶対に成功するというつもりでやってみればいいんだよ。

Words & Phrases

as if...「まるで〜であるかのように」
impossible to fail「失敗することは不可能だ; 失敗しようがない」

079

成功したいのなら、
普通以上のことをやれ。

We aim above the mark to hit the mark.

Ralph Waldo Emerson
ラルフ・ウォルド・エマーソン（思想家・詩人・哲学者・作家）

解説

　hit the mark は「成功する」という意味。miss the mark とすれば反対の意味の「失敗する」ということになる。above the markのほうの mark は、日本語では「標準」にあたる言葉。above the mark で「標準以上」、below the markなら「標準以下」だ。全体では「成功するためには標準以上を狙え」というのが、この言葉の直訳。要するにエマーソンはわれわれに、「普通にやっていても成功はおぼつかないものだ。成功したいのならとにかく、まずは、できる限りの努力をしなさい」と語っているのだろう。

　大リーグ選手のイチローは、小さな頃から懸命に素振りを繰り返し練習したそうだ。それも普通以上の回数を振ったのだそうだ。できる限りのことをやり続ける、それが成功の秘けつなのだろう。

使い方

A : This goal is impossible to achieve.
B : Why do you say that?
A : I can never graduate in three years.
B : **We aim above the mark to hit the mark.**

A：この目標は達成できないよ。
B：どうしてだい?
A：3年で卒業するなんて無理だよ。
B：成功したいのなら、普通以上にやらないと。

Words & Phrases

aim「目指す; 狙う」　above the mark「標準以上で」
hit the mark「成功する」

080

決意とやる気が、
成功の度合いを左右する。

Determination and motivation equal success.

Anonymous
作者不詳

解説

　言葉の出所は不明だが、アメリカ人がよく口にする言葉だ。「決意＋やる気＝成功」という図式。日本の頑張るサラリーマン的なフレーズだが、多くのアメリカ人もこんなことを口にする。

　物事に臨むときには、とにかく決意とやる気が大事だということ。確かに、決意とやる気が少なければ、成功する確率は低いかもしれない。しかし、逆に考えてみてほしい。肝を据えてやるだけやれば結果は出せるということでもある。その過程でくよくよしていても仕方がない。目標に集中して、やれるだけやってみる。

　英語にはさらに、Determination makes all the difference. という名言もある。「決意がすべてを左右する」という意味だ。過去を振り返ってみると、少し耳が痛い方も多いだろう。しかし、これからが大事。決意とやる気で取り組んでみよう！

使い方

A : How is your business going?
B : Not too good. I'm thinking about giving up.
A : Don't forget, determination and motivation equal success.

A：事業のほうはどう？
B：あんまり調子よくなくて。もうたたもうかと思ってるんだ。
A：決意とやる気が成功を左右するってこと、心に刻んでおくんだね。

Words & Phrases

determination「決意」　**equal...**「〜に等しい；〜と等価である」

081

名誉を争わなければ、
大きな成果があげられる。

We can accomplish great things if we don't worry about who gets the credit.

Anonymous
作者不詳

解説

accomplishは「達成する」という意味。worry about...は「〜について心配する；思い悩む」。get the credit は「名誉を得る」といったところだ。全体を直訳してみると、「もしわれわれが、だれが名誉を獲得するのかということに思い悩まなければ、われわれは偉大なことを成し遂げることができる」となる。

Linux Projectをはじめとして、インターネット上では多くの開発者たちが集まり、共同でひとつのソフトウェアを作り上げるプロジェクトが数多く進んでいる。彼らの多くはボランティアで作業を行い、素晴らしいソフトを開発するという純粋な目標のためだけに、それぞれの仕事の傍らに作業を行っているという。まさに彼らは、この名言を体現していると言ってもいいだろう。こんな姿勢で何事かで人類の発展に貢献できるのは素晴らしいことではないだろうか。

使い方

A : Even if we do this, people aren't going to know it was us.
B : We can accomplish great things if we don't worry about who gets the credit.

A：もしこれをやっても、だれも僕たちがやったってことわかってくれないんだよね。
B：名誉を争わなければ偉大な功績を残せるのよ。

Words & Phrases

accomplish「達成する」　**credit**「誉れ；名誉；面子」

082

成功は常ならざる、
失敗は終局ならざる。

**Success is never permanent,
and failure is never final.**

Mike Ditka
マイク・デトカ(アメリカンフットボール選手)

解説

　米国のアメリカンフットボール選手、マイク・デトカの言葉。
　permanentは「永遠の；永久の」、finalは「最終の」という意味。「成功は決して永遠ではない、失敗は決して終局ではない」というのがこの名言の直訳だ。
　日本の話に置き換えてみると、諸行無常、『平家物語』といったところだろうか。まあ、そこまでは大げさだが、やはりこの言葉も、われわれの生活に有益な指針となるものだろう。
　成功の上にあぐらをかいていてはいけない、絶えざる努力を行うべきだ。新たな目標を掲げ続けるのが人間としての務めだからだ。
　失敗に打ちひしがれ、うつむいてばかりでもいけない。どんな場合にも絶え間ない努力を惜しむべきではないからだ。希望を胸に現実に戦いを挑み続けるべきなのだ。

使い方

**A : Last year, I succeeded at everything I tried.
　　 This year, nothing seems to be working out.
B : Success is never permanent, and failure is never final.
A : I hope you're right.**

A：去年挑戦したことはすべてうまく行ったんだ。でも、今年はさっぱりだよ。
B：成功は長続きしないものだよ。でも、失敗したらそれで終わりってわけでもないよ。
A：そうだといいけどね。

Words & Phrases

permanent「永久の；永遠の」　**failure**「失敗」　**final**「終局の；おしまいの」
work out「(物事が)うまくいく[運ぶ]」

083

勝利とは、
敗北の味を知ってこそ
最も甘美なものである。

**Victory is sweetest when you
have known defeat.**

Malcolm Forbes
マルコム・フォーブス（フォーブス社元社長）

解説

　P.172でも紹介したマルコム・フォーブスの言葉。sweetestはsweet（甘い；甘美な）の最上級。when you have known defeatの部分は「あなたが（すでに）敗北を知っているとき」という意味だ。全体では「敗北を知っていれば、勝利は最も甘美である」となる。

　名言では何の苦もなく達成した場合と、困難を乗り越えて何事かを勝ち取った場合を比較しているが、僕なら、これはぜひともビールの味にたとえたい。春の穏やかな日に飲むビールの味と、猛暑の中で飲むビールの味はどちらが美味しいだろうか？　答えは言わずもがなだ。甘美なものを得たければ苦労が多いほどいいのだ。

使い方

A : This is the worst thing that has ever happened to me.
B : I'm sure you'll do better next time.
A : You think so?
B : Victory is sweetest when you have known defeat.

A：今までこんなにひどいことって経験したことないよ。
B：次には絶対にもっとうまくいくよ。
A：そう思う？
B：失敗の経験があればこそ、成功は最高に甘美なものになるのさ。

Words & Phrases

sweetest　sweet（甘い；甘美な）の最上級　**defeat**「敗北」
worst　bad（悪い）の最上級

第9章 失敗から学ぶ

Chapter 9

Learning from Mistakes

激しく落ちるほど、
高く跳ね返る。

**The harder you fall,
the higher you bounce.**

Anonymous
作者不詳

解説

だれの言葉かは不明だが、文法の見本のような表現だ。The ...er, the ...erの形で「〜すればするほど、〜になる」という構文を学校で教わったのではないだろうか。莫大な借金を抱えてつらい状態の人、成績がとことん落ち込んだ人、会社で左遷され憂き目にあっている人、さらに深い絶望の淵にある人。みんなこの言葉を胸に頑張ってもらいたい。

本当につらい思いをした人が、その状況を乗り越えたときには、必ず人間的に大きく成長するものだ。

使い方

A : I lost my job. What am I going to do?
B : You'll survive. You're going to be okay.
A : I don't know.
B : **The harder you fall, the higher you bounce.**

A：失業してしまったよ。どうしらいいだろう?
B：何とかなるさ。大丈夫だよ。
A：そうだろうか。
B：激しく落下すれば、その分高く弾むんだよ。

Words & Phrases

bounce「弾む; 跳ねる」

085

失敗したことのない人間を
見せてくれたら、
成功を知らない人間を
お見せしよう。

Show me a person who has never made a mistake, and I'll show you somebody who has never achieved much.

Joan Collins
ジョアン・コリンズ（女優）

解説

　ジョアン・コリンズは英国の女優として活躍。その後、アメリカの人気テレビドラマ『Dynasty（ダイナスティー）』にも出演。自伝『Past Imperfect』(1978) は有名だ。

　この名言は、四度の離婚、豊富な人生経験をもつ彼女の言葉だから、説得力に富んでいる。一度も失敗したことのない人間もいないし、その逆に成功経験のない人間もいない。要するに「人間ならだれにでも、失敗や成功はつきものだ」ということだ。

　われわれも、この人のようにたくましく生きていきたいものだ。とにかく、Life is full of ups and downs.（人生には上り坂もあれば下り坂もある）、人生楽ありゃ苦もあるさ、なのだ。一度や二度の失敗にくじけることなく、「七転び八起き」の精神で頑張ろうではないか。

使い方

A : You need to be brave and just do it.
B : But what happens if I make a mistake?
A : Show me a person who has never made a mistake, and I'll show you somebody who has never achieved much.

A：とにかく勇気を出して頑張ってみなよ。
B：でも、もし失敗したら?
A：失敗したことのない人間がいたら見てみたいね、そんなやつがいるなら成功したことのない人間を連れてきてやるよ。

Words & Phrases

make a mistake「失敗する」　achieve「達成する」　brave「勇敢な」
what happens if...?「もし～ならどうなるんだろう」

086

もし失敗から学ぶ準備が
できたなら、いや、
準備ができたときにのみ、
われわれは進歩する。

**We make progress if,
and only if, we are prepared to
learn from our mistakes.**

Karl R. Popper
カール・ポッパー（哲学者）

解説

　英国の哲学者、カール・ポッパー（オーストリア生まれ：1902-94）の言葉。

　make progressは「進歩する」という意味。and only ifの部分は、その前のifで行った仮定をさらに限定する働きをしている。「もし、いや、もし〜ならそのときにだけ」と訳せる。we are prepared to learn from our mistakesは「われわれが失敗から学ぶ準備ができた状態になる」という意味。

　失敗というものは、だれもが繰り返すものだ。もし、あなたが人生における大きな過ちを犯したことがあるのなら、もう一度そこへ立ち返ってみてはどうだろう。目をつぶってしまってやり過ごしてしまった過去の出来事の中に、あなたが学ぶべきことが数多く見つかるに違いない。

使い方

A : Let's talk about what went wrong.
B : We don't have time.
A : **We make progress if, and only if, we are prepared to learn from our mistakes.**

A：何がよくなかったのか考えてみようよ。
B：そんな時間ないよ。
A：失敗から学ぶ姿勢をもったときにのみ、僕らは進歩するんだよ。

Words & Phrases

progress「進歩する」　**learn from our mistake**「失敗に学ぶ」
what went wrong「何が悪かったのか」

087

ひどい失敗をすることで、
うまくいくこともある。

**Sometimes things can go right
only by first going very wrong.**

Edward Tenner
エドワード・テナー（科学ジャーナリスト）

解説

　Princeton大学出版局の元エグゼキュティヴ・エディターであり、科学ジャーナリストであるエドワード・テナーの言葉。これは「一度は痛い目に遭わなければわからない」という意味の言葉だろう。

　things can go rightは「物事が正しく進む；うまくいく」、only by first going very wrongは「最初にとてもひどいことになることによってのみ」という意味だ。

　これはビジネスでも、新しい分野に進出したり、新規の取引先と交渉を始めたりするときによく起こることだ。そんなときはくよくよせずに、高い授業料を払ったのだと考えてほしい。しかし、失敗から学んだことを、必ず次の仕事に結びつけることだけは、自分の次の課題としてきちんと意識しておくべきなのは言うまでもない。

使い方

A : Why don't you try to help him? He's ruining his life.
B : I've tried a hundred times.
A : You're just going to watch?
B : **Sometimes things can go right only by first going very wrong.**

A：なぜ彼に手を差し伸べようとしないの？　人生を棒に振ろうとしているよ。
B：もう何度もそうしようとしたのよ。
A：で、静観するつもりなの？
B：手ひどい失敗をすることでうまくいくこともあるでしょ。

Words & Phrases

go right「うまくいく；正しく進む」　**go wrong**「うまくいかない；失敗する」
ruin「滅ぼす」

第10章 心構えについて

Chapter 10

The Right Attitude

088

悲観主義者はあらゆる好機に困難を見つけだす。
楽観主義者はあらゆる困難の中にこそ好機を見いだす。

**The pessimist sees difficulty in every opportunity.
The optimist sees opportunity in every difficulty.**

Winston Churchill
ウィンストン・チャーチル（イギリス元首相）

解説

英国の首相だったウィンストン・チャーチルの言葉。

pessimistは「悲観主義者」。その反対のoptimistは「楽観主義者」。何事も悲観的に見ていては、いくらチャンスがあっても行動に結びつけることができない。これが悲観主義者の行動だ。逆に、楽観主義者は、あらゆる困難の中にさえ、絶好のチャンスを見つけだすことができる、というのが、この名言の言わんとするところ。

物事をネガティヴにとらえるか、それともポジティヴにとらえるかで、その見方は大きく変化する。あなたは、自分の目の前の出来事にいつも不平ばかり言ってはいないだろうか？ もしそうなら、この名言を座右の銘としてみてはどうだろう。「何事も成せば成る」という気持ちで、もう一度周りを見渡してみれば、意外に解決の糸口や、思ってもみなかったチャンスが目の前に現れてくるのではないか。

使い方

A : I like your idea, but it might be too difficult to implement.
B : The pessimist sees difficulty in every opportunity. The optimist sees opportunity in every difficulty.

A：いいアイデアだね、ちょっと実行するのは難しそうだけど。
B：悲観主義者はどんなチャンスでもマイナス面ばかりを見ちゃうからね。
　 楽観主義者は困難の中にこそチャンスを見つけるものさ。

Words & Phrases

pessimist「悲観主義者」　**opportunity**「機会；チャンス」
optimist「楽観主義者」　**difficulty**「困難」　**implement**「履行する；実行する」

089

最善を願い、
最悪に備えろ。

**Hope for the best,
be ready for the worst.**

Anonymous
作者不詳

解説

hope for... は「〜を望む」、be ready for... は「〜の準備をしろ」。どちらも、命令の形で対を成している。the best と worst はそれぞれ「最良」、「最悪」。

何かを行うときには、ベストを尽くして最善の結果を望め。しかし、最悪の事態もきちんと検討しておけ。これがこの名言の意味だ。いつでも最悪の場合を眼中に入れて、「備えあれば憂いなし」といった気持ちで準備しておくこと。その上で「最良の結果を望む」べきなのだ。

使い方

A : Do you think we'll ever find him?
B : Let's hope for the best, be ready for the worst.
A : Right.

A：私たち、彼を見つけることができると思う？
B：最善を願い、最悪に備えましょうよ。
A：そうね。

Words & Phrases

hope for...「〜を願う」 **be ready for...**「〜の準備をする; 準備を整える」
best good（よい）の最上級 **worst** bad（悪い）の最上級

090

ビジョンとは
見えないものを見る
技術のことだ。

**Vision is the art of seeing
the invisible.**

Jonathan Swift
ジョナサン・スイフト（作家）

解説

　Gulliver's Travels『ガリバー旅行記』を書いた英国の作家、ジョナサン・スイフト（1667-1745）の言葉。

　見えないものを見る技術The art of seeing the invisibleとは何であろう。これは想像力にほかならない。想像し、頭の中に思い描くことができる能力をvisionと呼ぶのだろう。

　すぐれた事業家の頭の中には、新しいビジネスがハッキリとイメージされているという。すぐれたスポーツ選手の頭の中には、勝つためのイメージが明確にでき上がっているそうだ。すぐれた芸術家の頭の中には、すでに作品ができ上がっているという。visionとはそういうものなのだろう。

使い方

A : What do you want your life to be like in the future?
B : The future? How can I see into the future?
A : Well, I've heard it said that vision is the art of seeing the invisible.

A：将来はどんな生活を送りたいの?
B：将来? どうすれば将来のぞき込めるかなあ?
A：そうね、ビジョンとは見えないものを見る技術だって聞いたことがあるわ。

Words & Phrases

vision「幻視; 幻想」　**invisible**「見えないもの」

091

敏捷であれ、
しかし慌てるな。

**Be quick,
but don't hurry.**

John Wooden
ジョン・ウッデン（バスケットボールコーチ）

解説

　quickもhurryもどちらも早い動きを表す言葉だが、quickのほうは「機敏」であり、もう一方のhurryのほうは「慌てる」という意味だ。P.30でも紹介したが、UCLAを10度の優勝に導いた、バスケットの名コーチ、ジョン・ウッデンならではの名言だと納得がいく。

　迅速な行動は、人生のさまざまな場面で要求される。そんなとき、慌てふためいて、物事を台無しにしてはいけない。迅速さが要求される場面にこそ、慌てず騒がず、冷静沈着に物事にあたる必要があるのだ。

使い方

A : I can't wait. I really want to get started.
B : Well, be quick, but don't hurry.

A：もう待てないよ。いい加減に、始めたいんだよね。
B：敏捷であれ。でも慌ててはいけないって言うよ。

Words & Phrases

quick「敏速な;素早い」　**hurry**「慌ててする;急ぐ」

092

笑いのない日ほど
無駄な一日はない。

**The most wasted of all days is
one without laughter.**

E. E. Cummings
イー・イー・カミングス(詩人)

解説

　アメリカの詩人、イー・イー・カミングス（1894-1962）の言葉。

　the most wasted は「最も無駄なもの」という意味。without laughter は「笑いのない」。これが one（日）を修飾している。

　この言葉のように、人生にはやはり「笑い」が必要だ。「笑い」「楽しみ」「歓び」というものがあるから人生は続けられるのだろう。

　もし、一年間ずっと笑わない人がいたならば、その人は本当に生きていると言えるだろうか？ その人の心は、どれほど孤独で、どれほどのつらさで満ちあふれていることだろう。苦渋に満ちたその生活は歓びからはほど遠いものだろう。そんな日々からは一日も早く足を洗おうではないか。人間にはやはり、毎日を笑顔で過ごすほうが向いているのだ。

使い方

A : Why are you always so happy?
B : I don't know. Do I need a reason?
A : Well…no, but….
B : The most wasted of all days is one without laughter.

A：あなたがいつもニコニコしているのはなぜ?
B：さあ。何か理由がないといけないかしら?
A：えっ、いや、そんなことは……。
B：笑いのない日ほど無駄な一日はないものよ。

Words & Phrases

wasted「無駄な」　**without...**「〜なしの; 〜のない」
laughter「笑い; 楽しそうな表情」

Chapter 10　The Right Attitude　心構えについて

093

われわれは、
学べば学ぶほど、
己の無知を知る。

**The more we study,
the more we discover
our ignorance.**

Percy B. Shelley
パーシー・ビッシュ・シェリー（抒情詩人）

解説

　英国の抒情詩人であるパーシー・ビッシュ・シェリー（1792-1822）の言葉。Mad Shelleyと呼ばれるほどの激烈な批判で有名。厳格な父の抑圧の元で育った反動からか、権威を嫌い、Oxford University（オックスフォード大学）からも放校処分を受けている。

　The more..., the more...の比較構文を使った文だ。内容は「この世界にはいくらでも知るべきことがある。われわれは、多くを学ぶに従って、さらに多くを学ばねばならないことを知る」といったことだ。ignoranceは「無知」。

　確かに、数十年間、人生を送ってきて、実感できる言葉だ。しかし、この言葉に対して無力感を抱いてはいけない。シェリー自身も、この言葉を胸に、自己研さんを日々続けたのであろう。学ぶことに遅すぎるということはないのだ。

使い方

A : I think you'd better read some books about this subject.
B : Actually, I already know almost everything about this.
A : Really? I've heard it said, "The more we study, the more we discover our ignorance."

A：この種の本を読んでみたらどうだい？
B：実は、僕はこの分野に関してはほとんどのことを知ってるんだ。
A：本当？「われわれは、学べば学ぶほど、己の無知を知る」
　　って言う言葉を聞いたことがあるけど。

Words & Phrases

---

ignorance「無知」

094

自分自身に誠実で
あることが大切だ。

**To thine own self
be true.**

William Shakespeare
ウィリアム・シェークスピア(劇作家)

解説

　これはウィリアム・シェークスピアの Hamlet『ハムレット』の第3幕での Polonius（ポローニアス）のセリフの一部。シェークスピアが英国の大劇作家であることは言わずと知れたことだが、彼が最初に使った独自の言い回しや語句は、現代の英語にも数多く生きており色褪せていない。

　この名言 To thine own self be true. は現代風に置き換えると、Be true to yourself.「自分自身に照らして、誠実でありなさい」といったところ。日本語でもよく、「自分に正直にならなきゃね」と言うが、これとほぼ同じ意味で使われる。

　いつも周囲に気を遣ってばかりで、自分が出せない人は多い。しかし、自分の気持ちをおろそかにせず、何を自分の心が望んでいるのかを、時折問い直してみることは悪いことではない。何かの決断で迷いが生じたとき、大きな決断を迫られたときには、この言葉が生きてくる。

使い方

A : I miss living by the town.
B : Why don't you move back?
A : Everyone would be disappointed in me.
B : To thine own self be true.

A：街に住んでた頃が懐かしいよ。
B：街に戻ったらどう？
A：みんなをがっかりさせちゃうことになるよ。
B：自分自身に誠実になるべきよ。

Words & Phrases

thine「なんじの」 **thou**〈古〉「あなたは」の所有格 **thy** は、母音の前では **thine** と変化する。**thine** は **thou** の所有代名詞としての機能も持つ。目的格は **thee**。
be true「誠実；真摯になる」

095

よりよい方法というものは、
常に存在するものである。

There is always a better way.

Thomas Edison
トーマス・エディソン（発明家）

解説

　大発明家、エディソンならではの言葉だ。もちろん彼は、この言葉どおり、常に a better way（よりよい方法）を探り続けた人物だったのだろう。

　われわれは、限られた時間の中で仕事をする場合が多い。会議やブレーンストーミングにしても、永遠に続けられるわけではない。しかし、時間外になっても常によりよい方法はないかと、頭をひねり続けることはとてもよいことだ。「とりあえず」という言葉が日本語にはあるが、この言葉は、居酒屋のビールに担当させておくに留めて、何かを創造しようとするときには、「とりあえず」は外したほうがいいだろう。

　発明や創造にはここまでで終わりだという到達点はない。ほかの人より多く、懸命に考え続けた者のみに、新たな発見と創造の機会が与えられるのだ。

使い方

A : This is how we're going to deal with this problem.
B : Can't we discuss it?
A : No, this is the best way.
B : "There's always a better way."
　That's what Edison said.

A：これがこの問題の解決策です。
B：もう検討できないものだろうか？
A：いや、これが最善策です。
B：「よりよい方法とは、常に存在するものである」。
　　エディソンはこう言ったんだぞ。

Words & Phrases

a better way「よりよい方法」　**deal with...**「～を取り扱う; 論じる」
discuss...「～について相談する; 検討する」

096

学ぶべきものがないほど
無知な人には
会ったことがない。

**I have never met a man
so ignorant that I couldn't learn
something from him.**

Galileo Galilei
ガリレオ・ガリレイ(天文学者)

解説

　イタリアの天文学者であったガリレオ・ガリレイ（1564-1642）の言葉。

　他者を独立した一個人として扱い、きちんと接する態度の重要性を述べた名言だ。生きとし生けるものは、例外なく長所を持ち、何らかの学ぶべき特徴がある。この名言は人間についてのみ述べたものだが、実はそれだけではなく、さらにわれわれは大自然からも多くのことが学べるのである。

　とにもかくにも、われわれがこの名言を活かしていくためには、謙虚であり続けなければならないだろう。偉大な大宇宙と対話し、その不思議から学んだガリレオならではの言葉だろう。

使い方

A : I really hate to be around him.
B : Why?
A : He's so stupid. He doesn't know anything.
B : Galileo once said,
　"I've never met a man so ignorant that
　I couldn't learn something from him."

A：彼に近よりたくないのよね。
B：どうして?
A：おばかさんなんだもん。何も知らないのよ。
B：ガリレオは「何も学ぶべきもののない人に会ったことはない」と言っているよ。

Words & Phrases

be around「一緒にいる」　**ignorant**「無知；無教養」

097

私たちのもっとも素晴らしい栄光は、決してくじけないことではなく、くじけるたびに、起きあがってくることにある。

Our greatest glory consists not in never falling, but in rising every time we fall.

Oliver Goldsmith
オリバー・ゴールドスミス（詩人・作家）

解説

　名言の主、オリバー・ゴールドスミス（1728-74）は、アイルランド生まれの英国の詩人であり作家であった人物。

　「七転び八起き」の精神をたたえた名言だが、少し違うのは、「くじけること」もある、それでもいいのだと、寛容に表現しているところ。名言全体では、「くじけることだってあるが、そのたびに再び頑張るのが人間だ。だから素晴らしいのだ」といった内容になっている。

　英文は、consist not in…, but in… と but を挟んで対の形になっている。consist in… は「～に存在する」という意味だ。「われわれの偉大なる栄光は、never falling（決してくじけないこと）にあるのではなく、rising every time we fall（くじけるたびに起きあがること）にある」というのが全文の直訳。

使い方

A: Aren't you going to go to college?
B: No, I failed the entrance exam.
A: Try again. Someone said,
　 "Our greatest glory consists not in never falling,
　 but in rising every time we fall."

A：大学には行かないの?
B：入試に落ちちゃって。
A：また受ければ。「私たちのもっとも素晴らしい栄光は、
　　決してくじけないことではなく、くじけるたびに、起きあがってくることにある」
　　と言うじゃないの。

Words & Phrases

glory「名誉; 栄光」　**consist in…**「～に存在する」　**fall**「くじける; 転ぶ; 倒れる」
rise「上昇する; 立ち上がる」　**every time someone…**「～が～するたび」

Chapter 10　The Right Attitude　心構えについて

098

この世で最高のもの、
最も美しいものは見たり
触れたりはできません。
心で感じるものです。

The best and most beautiful things in the world cannot be seen or even touched. They must be felt with the heart.

Helen Keller
ヘレン・ケラー（教育家・社会福祉事業家）

解説

　われわれ日本人は、毎日のように、きれいなもの、きらびやかなもの、現象として目に映る「美」ばかりを体験している。そうでないほうの「美」、つまり心の中にある「美」については、探し出すことがとても難しい。これらは、彼女の言うように、They must be felt with the heart（ハートで感じなければならない）ものだし、cannot be seen or even touched（見たり触れたりできない）ものだからだ。

使い方

A : Why are you buying so many things?
B : But they're so beautiful. When I see something beautiful, I just have to have it.
A : Try to think about what Helen Keller said. **"The best and most beautiful things in the world cannot be seen or even touched. They must be felt with the heart."**

A：どうしてそんなにいろいろなものを買うのよ?
B：だってきれいなんだもの。私、美しいものに目がないのよ。
A：ヘレン・ケラーの言ったことを考えてみて。「この世で最高のもの、最も美しいものは見たり触れたりはできません、心で感じるものです」って言ったの。

Words & Phrases

the best and most beautiful things「最高にして最も美しいもの」
cannot be seen or even touched「見ることも、触れることさえできない」
be felt with the heart「心で感じ取られる」

Chapter 10　The Right Attitude　心構えについて

参考文献

Quote Me: World's Most Inspiring Words,
出版社:CreateSpace

Mankind s Greatest Quotes,
著者:Patty Crowe, 出版社:Richer Resources Publications

Best Quotations for All Occasions,
著者:Lewis Henry, 出版社:Fawcett

Quotes of Note: Brilliant Thoughts Arranged by Subject,
著者:Brogan L.Fullmer, 出版社:CreateSpace

The Daily Book of Positive Quotations,
著者:Linda Picone, 出版社:Fairview Press

Oxford Dictionary of Quotations,
著者:Elizabeth Knowles, 出版社:Oxford University Press

Little Giant Encyclopedia of Inspirational Quotes,
著者:Wendy Toliver, 出版社:Sterling/Chapelle

1001 Smartest Things Ever Said,
著者：Steven D. Price, 出版社：Lyons Press

365 Inspirational Quotes,
出版社：Barbour Books

Quotable Quotes,
著者：Editors of Reader's Digest, 出版社：Readers Digest

Quote Junkie: Enormous Quote Book: Over 3000 Quotes From Several Hundred Of The Most Famous People In The History Of The World,
著者：Hagopian Institute, 出版社：CreateSpace

Wise Words and Quotes,
著者：Vernon McLellan, 出版社：Tyndale House Publishers, Inc.

mini版
感動する英語!
元気がでる英語!
発行日　2012年3月28日　第1版第1刷

著者	デイビッド・セイン
装幀	間野 成
編集協力	窪嶋優子、中山祐子
編集	柿内尚文
編集アシスタント	舘 瑞恵
発行人	高橋克佳
発行所	株式会社アスコム
	〒105-0002
	東京都港区愛宕1-1-11　虎ノ門八束ビル
	編集部　TEL：03-5425-6627
	営業部　TEL：03-5425-6626　FAX：03-5425-6770
印刷	中央精版印刷株式会社

© AtoZ 2012
Printed in Japan　ISBN 978-4-7762-0727-6

本書は、2011年5月に小社より発刊された
『英語で読む世界の名言』を加筆修正したのもです。

本書は著作権上の保護を受けています。
本書の一部あるいは全部について、株式会社アスコムから文書による許諾を得ずに、
いかなる方法によっても無断で複写することは禁じられています。

落丁本、乱丁本は、お手数ですが小社営業部までお送りください。
送料小社負担によりお取り替えいたします。
定価はカバーに表示しています。

売れてます！

アスコム mini book シリーズ

ネイティブっぽく使いたい！

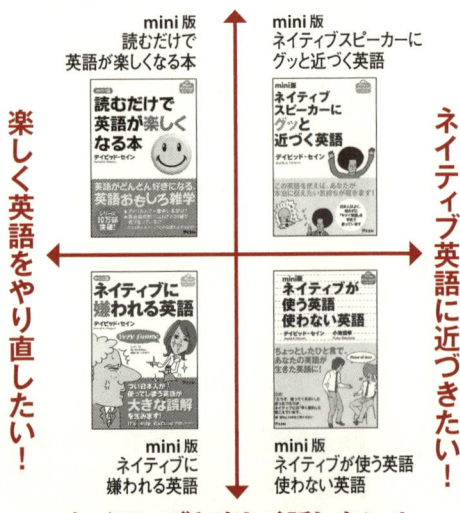

mini版
読むだけで英語が楽しくなる本

mini版
ネイティブスピーカーにグッと近づく英語

楽しく英語をやり直したい！ ⟷ **ネイティブ英語に近づきたい！**

mini版
ネイティブに嫌われる英語

mini版
ネイティブが使う英語使わない英語

ネイティブと楽しく話したい！

こちらも売れ行き好調！

効率よく英語を身につけるとっておきの方法！

60分で英語が分かる！ 英語は要領！

山西治男／著　￥648＋税

【お問い合わせ】株式会社アスコム　〒105-0002 東京都港区愛宕1-1-11 虎ノ門八束ビル
営業部 TEL:03-5425-6626　FAX:03-5425-6770　http://www.ascom-inc.jp/